Aventinus

kleine bayerische biografien

herausgegeben von
Thomas Götz

CHRISTINE RIEDL-VALDER

Aventinus

Pionier der Geschichtsforschung

Verlag Friedrich Pustet
Regensburg

◆◆◆

kleine bayerische biografien

Biografien machen Vergangenheit lebendig: Keine andere literarische Gattung verbindet so anschaulich den Menschen mit seiner Zeit, das Besondere mit dem Allgemeinen, das Bedingte mit dem Bedingenden.
So ist Lesen Lernen und Vergnügen zugleich.
Dafür sind gut 100 Seiten genug – also ein Wochenende, eine längere Bahnfahrt, zwei Nachmittage im Café.
Wobei *klein* nicht leichtgewichtig heißt: Die Autoren sind Fachleute, die wissenschaftlich Fundiertes auch für den verständlich machen, der zwar allgemein interessiert, aber nicht speziell vorgebildet ist.
Bayern ist von nahezu einzigartiger Vielfalt: Seinen großen Geschichtslandschaften Altbayern, Franken und Schwaben eignen unverwechselbares Profil und historische Tiefenschärfe. Sie prägten ihre Menschen – und wurden geprägt durch die Männer und Frauen, um die es hier geht: Herrscher und Gelehrte, Politiker und Künstler, Geistliche und Unternehmer – und andere mehr.
Das wollen die KLEINEN BAYERISCHEN BIOGRAFIEN: Bekannte Personen neu beleuchten, die unbekannten (wieder) entdecken – und alle zur Diskussion um eine zeitgemäße regionale Identität im Jahrhundert fortschreitender Globalisierung stellen. Eine Aufgabe mit Zukunft.

Dr. Thomas Götz, Herausgeber der Buchreihe, geboren 1965, studierte Geschichte, Germanistik und Philosophie. Er lehrt Neuere und Neueste Geschichte an der Universität Regensburg und legte mehrere Veröffentlichungen, vor allem zu Stadt und Bürgertum in Bayern und Tirol im 18., 19. und 20. Jahrhundert, vor. Darüber hinaus arbeitet er im Museums- und Ausstellungsbereich.

Inhalt

Ein Leben an der Schwelle zur Neuzeit –
Ideale und Widersprüche **7**

1 Auf Spurensuche – Der Sohn des Weinwirts **10**
»Aventperg … dise statt ist mein haimat …« /
Der Mord an Ritter Niklas / *Von der Residenzstadt
zum Pfleggericht – Der Untergang der Abensberger* /
Die Lateinschule / *Schulunterricht im Spätmittelalter*

2 Ein humanistischer Bildungsweg (um 1495–1508) **23**
Aventins Lehrer Konrad Celtis / Studium in Ingolstadt /
Die erste bayerische Landesuniversität / Humanismus contra
Scholastik / *Aventinus – Der selbst gewählte Gelehrtenname* /
In der Kaiserstadt Wien / Krakau und Paris / *Die Hohe
Schule zu Paris* / Wanderjahre / *Reisefreudige Humanisten*

3 Der Prinzenerzieher (1509–1517) **38**
Vertrauensstellung am Herzogshof / Studienort Burghausen / Erste Forschungsreisen / *Aventins Hauskalender –
Das Tagebuch des Gelehrten* / Der Lehrbuchautor / Bruderzwist / *Herzog Ludwig X. von Bayern – Der Landshuter
Renaissancefürst* / Die Kavalierstour / Privatdozent in
Ingolstadt / Der Gelehrtenclub / *Herzog Ernst von Bayern*

4 Erster offizieller Hofhistoriograf (ab 1517) **57**
Die Bedeutung des neuen Amtes / »Ad fontes!« –
Pionier der Quellenforschung / »… das ganz baierland
durchritten …« / *Bayerische Geschichtsschreibung im
Mittelalter* / Aventins wertvolle Notizbücher

5 Die erste gedruckte Landkarte Altbayerns (1523) und kleinere Schriften **70**
Der Kartograf / Nachfolger / Die »Fingerübungen« –
Erste historische Abhandlungen / Persönlichkeit und
Selbstverständnis Aventins

6 Die »Herkulesarbeit« – Aventin verfasst seine Hauptwerke (ab 1519) **79**

Die »Annales ducum Boiariae« / Die »Baierische Chronik« / Der Charakter der Bayern / *Die Lehren der Geschichte* / Publikationsverbot / Netzwerk der Humanisten

7 Konfessionelle Auseinandersetzungen (ab 1522) **91**

Tumulte an der Universität Ingolstadt / Bauernkrieg und Türkengefahr / Ätzende Kritik an der Geistlichkeit / *Aventin und die Lutheraner* / Inhaftierung »ob evangelium«

8 Refugium in Regensburg (1528–1534) **101**

Ein Loblied auf die Reichsstadt / Aventin und Altdorfer / Der Reichstag in Augsburg 1530 / Die »Germania illustrata« / *Das italienische Vorbild – Flavio Biondo* / Familiengründung und Tod / Die Grabstätte in St. Emmeram / Streit um den Nachlass

9 Aventin und die Nachwelt **115**

Nachfolgende Geschichtsschreibung am bayerischen Herzogshof / »Vater der bayerischen Geschichte« – Die politische Bedeutung Aventins im Königreich Bayern / »... ein unerreichbares Denkmal deutschen Fleißes ...« – Aventinehrung im patriotischen Überschwang / 1877: Der 400. Geburtstag und die erste Werkausgabe in Bayern / Würdigungen im 20. Jahrhundert / Der Gelehrte als Namensgeber

Anhang **128**

Zeittafel / Werke und Literatur in Auswahl / Bildnachweis / Dank

Ein Lebensweg an der Schwelle zur Neuzeit – Ideale und Widersprüche

> *»Viel hängt davon ab, in welcher Zeit sich jeder bewähren muss.«*

Diesen Ausspruch von Plinius hat Johannes Turmair (1477–1534), der als »Aventinus« – das heißt »der Abensberger« – Karriere machte, gern zitiert. Er war sich der begrenzten Möglichkeiten und Wirkungen des eigenen Handelns schmerzlich bewusst. Aus einfachen Verhältnissen stammend, führte ihn sein Lebensweg in die Zentren der gelehrten und politischen Welt. Nach dem Studium an europäischen Elitehochschulen und der einflussreichen Tätigkeit als Prinzenerzieher schrieb er als erster offizieller Landeshistoriograf im Dienste Herzog Wilhelms IV. im wahrsten Sinne des Wortes Geschichte. Mit seiner immensen Recherchearbeit in den bayerischen Archiven und seinen kritischen Quellenstudien, in die er als einer der ersten auch Realien (Inschrifttafeln, Grabsteine, Bodendenkmäler, Münzen etc.) mit einbezog, verhalf er der modernen historischen Forschung in Deutschland zum Durchbruch. Seine sorgfältige Überlieferung rettete der Nachwelt die Kenntnis vieler Urkunden und Inschriften, die im Laufe der nachfolgenden Jahrhunderte durch Kriege und Zerstörungen verloren gingen.

Mit dem gesammelten Material schrieb er in Abensberg seine Hauptwerke, die in gelehrtem Latein verfassten »Annales ducum Boiariae« *(Jahrbücher der Herzöge von Bayern)* und die »Baierische Chronik«, eine Übersetzung in die damalige Umgangssprache, die seine Erkenntnisse auf unterhaltsame und volksnahe Weise vermittelte. Er wollte seine Leser davon überzeugen, dass die Geschichte als Lehrmeisterin des Lebens von großem Nutzen ist. Im mittelalterlichen Weltbild des Autors werden die historischen Ereignisse jedoch noch als Ergebnis göttlicher Allmacht und Vorsehung interpretiert.

Dank Aventins »Hauskalender«, in dem fast zwei Drittel seines Lebens mit tagebuchartigen Einträgen erfasst sind, wissen wir viel über die Biografie und die Kontakte des Gelehrten. Zum Teil manifestiert sich darin das widersprüchliche Wesen des großen Humanisten: Aventin strebte danach, sich als unabhängiger Intellektueller zu äußern – für seinen Lebensunterhalt sorgten jedoch die bayerischen Herzöge, die seine Werke als ihr Eigentum betrachteten und auf seine konträre politische Haltung mit Publikationsverbot reagierten. Mit schärfster Kritik kommentierte der Gelehrte die Verfehlungen des Klerus – doch pflegte er engen freundschaftlichen Umgang mit geistlichen Würdenträgern, deren Lebenswandel ebenfalls alles andere als vorbildlich war. Aventin war davon überzeugt, dass der Mensch für seine Taten allein verantwortlich sei – und glaubte doch an den Weltenlenker Gott, der Kriege und Seuchen als Strafe über die Völker schickt. Er war ein glühender bayerischer Patriot – wünschte sich aber einen machtvollen Kaiser und ein starkes Reich.

Die vorliegende Biografie macht den Leser mit der außergewöhnlichen Persönlichkeit und Lebensleistung des Johannes Aventinus in der Epoche des Übergangs zwischen Spätmittelalter und Neuzeit bekannt. Ihr Untertitel trägt seiner überragenden Bedeutung bei der Ermittlung historischer Quellen Rechnung, ihr Inhalt hat aber sein gesamtes Schaffen im Blick. Vom Ideal des »uomo universale« der italienischen Renaissancekultur geprägt, strebte er nach umfassender Bildung, leistete für eine Reihe von Wissenschaften grundlegende Beiträge und versuchte auch, seine Erkenntnisse politisch umzusetzen. Nicht zuletzt begründete er mit seiner unverblümten Charakteristik des bayerischen Volkes den »Mythos Bayern«, der bis heute nachwirkt. Die »Moritat in 13 Holzschnitten« über das Leben des Gelehrten, 1976 geschaffen von dem Abensberger Künstler Ferdinand Kieslinger, spricht dieselbe Sprache und ist daher zur Illustration der vorliegenden Biografie bestens geeignet.

Dieses Buch will auch dazu einladen, die einstige Welt des berühmten bayerischen Historikers selbst zu erforschen. Seine

Dess da is die gantze Gschicht vom Turmair Hans vo Amsperg der se selm Aventinus gschriebn hot und der wo weit über d Stadt Mauer naus bekannt gwesn is. Glebt hot er vom Jor 1477 bis 1534. In Holz gschnittn hot des alls da Kieslinger Ferdl von Amsperch (Hier und im Folgenden: aus der Holzschnittfolge »Das Leben Aventins« von Ferdinand Kieslinger, 1976; hier Titelblatt).

Heimatstadt Abensberg bietet dazu noch heute ein eindrucksvolles Ambiente (siehe Kap. 1). Auch seine Werke, deren derbe Direktheit manchmal erstaunt, sind bequem zugänglich. Das Aventin-Projekt der Bayerischen Landesbibliothek hat jüngst die bekannten Handschriften und Drucke Aventins im Internet veröffentlicht (www.bayerische-landesbibliothek-online.de/aventin). Damit ist jeder interessierte Geschichtsfreund in der Lage, seiner Neugier ganz nach Art der Humanisten freien Lauf zu lassen und sich anhand der Originale ein eigenes Bild zu machen.

1 Auf Spurensuche – Der Sohn des Weinwirts

Im Norden der Hallertauer Hopfenfelder liegt an der Stelle, an der die Abens ihren Verlauf nach Westen ändert, um dann nach wenigen Kilometern in die Donau zu münden, die nach dem Fluss benannte einstige Residenzstadt Abensberg. Am 4. Juli 1477, dem St. Ulrichstag, wurde hier dem Hof- und Weinwirt Peter Turmair, der seine Taverne am Stadtplatz hatte, als erstes Kind ein Sohn geboren. Als »Aventinus«, das heißt »der Abensberger«, sollte dieser Junge später als bedeutendster Sohn der Stadt in die Geschichte eingehen und mit seinem Lebenswerk die Mit- und Nachwelt nachhaltig beeinflussen.

Sein Elternhaus, ein markantes Gebäude mit rechteckigem Erker im Erdgeschoss und spätmittelalterlichem rundbogigem Tor, blieb im Kern bis heute erhalten. Unter dem Namen »Hofbräu« lädt es wie einst zur Einkehr ein (Stadtplatz 13; um 1730 mit dem Nachbarhaus vereint). 1877 hat man zum 400. Geburtstagsjubiläum des berühmten Abensbergers an der Fassade eine Gedenktafel angebracht. Von diesem Stadtort aus lässt sich das erste Umfeld des bedeutendsten Humanisten Bayerns in kurzen Wegen mühelos erkunden.

In den kleinen Marktplatz mündeten damals wie heute die drei Hauptstraßen aus Richtung Regensburg, Freising/München und Kelheim sowie der Verbindungsweg zur weitläufigen, mittlerweile größtenteils durch Neubauten ersetzten Burg. Kupferstiche beweisen, dass sie noch im 18. Jahrhundert den Anblick einer stattlichen Anlage bot.

Den davor befindlichen Platz hat man Aventin gewidmet. Das imposante Denkmal, 1861 von dem klassizistischen Bildhauer Maximilian Puille aus Kelheimer Marmor geschaffen, wurde der Stadt vom Historischen Verein übereignet. Im angrenzenden Herzogskasten, um 1450 als Vorratsspeicher erbaut und seit seiner Sanierung 2005 Sitz des Stadtmuseums, werden kunst- und kulturhistorische Zeugnisse aus Aventins

Dass erst Stuck: Wias im Johr 1477 beim Turmair Petern am Stadtplatz an Buam kriagt ham und wias n na auff den seltna nam Hansi ham dauffa lassen (»Das Leben Aventins«, Blatt 1).

Zeit verwahrt. Keine 100 Meter entfernt gelangte man einst durch das Abenstor in die direkt vor der Stadtmauer gelegene idyllische Flusslandschaft, die hier ihren natürlichen Lauf bewahrte und sich in vielen Mäandern durch feuchte Auwiesen schlängelt.

An das Elternhaus des Gelehrten auf dem Abensberger Stadtplatz reihen sich weitere bürgerliche Giebelhäuser. Einige, wie das spätgotische Rathaus mit geschweiftem Renaissancegiebel, stammen noch aus dem 16. Jahrhundert. Auch in den umliegenden verwinkelten Gassen trifft man auf mittelalterliche Gebäude und Reste der einstigen Stadtbefestigung, zum Beispiel auf das alte Regensburger Tor mit seinem dreistöckigen Turm. So bietet ein Rundgang durch Abensberg dem Besucher noch heute die Möglichkeit, sich in die Zeit des großen Gelehrten zurückzuversetzen.

In der nur wenige Schritte östlich der Turmair'schen Taverne gelegenen Pfarrkirche St. Barbara erhielt der Junge die Taufe und den Vornamen Johannes. Sein Vater war ein angesehener Mann, dessen Vorfahren wohl aus der bäuerlichen Oberschicht des Umlandes stammten. Eine Urkunde erwähnt Peter Turmair 1481 erstmals als Bürger von Abensberg. 1486 war er Mitglied des Stadtrats, eines Gremiums, zu dem nur finanzkräftige Einheimische Zugang hatten. Die Gastwirtschaft am Stadtplatz brachte so viel Gewinn, dass Peter Turmair 1487 von dem Neustädter Wolfgang Rynnemair ein Bräuhaus in Abensberg erwerben konnte. 1495 hatte er sogar das Bürgermeisteramt inne. Zwei Jahre später pachtete er den im Besitz des Bistums Bamberg befindlichen »Kammerhof« in Sandharlanden, der reichen Ertrag abwarf.

Während der Vater in den zeitgenössischen Quellen einige Spuren hinterlassen hat, ist über die Mutter des bedeutenden Humanisten nur wenig bekannt. Der Name der Bürgerin »Susanna Türmayrin«, die entweder die Großmutter oder auch seine Mutter gewesen sein könnte, findet sich in einer Urkunde über eine Messstiftung in der Pfarrkirche Abensberg aus dem Jahr 1471. Gesichert ist nur, dass sie der reichen Bauernfamilie Küsser aus Sandharlanden entstammte. Aventin selbst hat sie in seinen Aufzeichnungen nicht erwähnt. Neben dem jüngeren Bruder Georg gehörten noch die drei Schwestern Anna, Margarete und Katharina zur Familie.

»AVENTPERG ... DISE STATT IST MEIN HAIMAT ...«

Die bäuerlich-bürgerliche Siedlung an der Residenz der Abensberger hatte im 14. und 15. Jahrhundert als Handelsmittelpunkt eines weiten Umlandes stetigen Aufschwung erlebt. Nachdem Ulrich III. für Abensberg 1348 das Marktrecht sowie die Hohe und Niedere Gerichtsbarkeit erhalten hatte, ließ er eine Ringmauer um den Ort errichten. Im Gedenken an die zahlreiche Nachkommenschaft seines mutmaßlichen Stammvaters Pabo/Babo, der mit zwei Frauen 40 Kinder, darunter acht Mädchen, gezeugt haben soll, hat er der Überlieferung

Ansicht von Abensberg. – Holzschnitt von Jost Amman aus dem Jahr 1579.

zufolge die Befestigung mit 32 Rund- und 8 Ecktürmen bestückt (im 19. Jahrhundert zum Großteil abgerissen). Von demselben Regenten erhielten die Abensberger Bürger 1366 das Recht, einen Rat zu wählen und die Niedere Gerichtsbarkeit über sich selbst auszuüben. 1389 wird Abensberg erstmals als Stadt bezeichnet.

Ulrichs Nachfolger, Johann II., und seine Frau Agnes beriefen 1389 die Karmeliten nach Abensberg, schenkten ihnen ein Grundstück im Ortszentrum als Bauplatz und sicherten den Unterhalt ihrer Niederlassung durch eine reich bemessene Stiftung. In der Folgezeit entwickelte sich das Kloster zum geistigen Mittelpunkt der Stadt. Die Grafen von Abensberg bestärkten die Bedeutung ihrer Residenzstadt, indem sie 1468 ihre Familiengrablege von Kloster Rohr hierher verlegten. Sie ließen an der Südseite des Chors der Karmelitenkirche eine dem hl. Antonius geweihte Grabkapelle anbauen und 1469 in der Mitte der Klosterkirche ein repräsentatives Hochgrab für Johann III. errichten (seit 1880 im Nordflügel des Kreuzgangs aufgestellt).

Sein Sohn, Niklas von Abensberg, war eine umstrittene Persönlichkeit und in zahlreiche Auseinandersetzungen verwickelt. Er führte nach seiner Amtsübernahme 1477 eine großzügige Almosenspende ein, die bis ins 19. Jahrhundert Bestand hatte. Jedes Jahr am Nikolaustag erhielten die Bedürftigen in seiner Residenz Brot und Fleisch – dafür wurden allein 32 Rinder geschlachtet. 5000 bis 6000 Bettler sollen deswegen stets in der Adventszeit in den Ort gekommen sein.

Die mächtige Burg, von der heute nur noch Reste vorhanden sind, thronte auf einer Fläche von rund 120 auf 80 Meter im Südosteck der Stadt. Mit tiefen Grabenanlagen im Westen und Norden, einer Ringmauer mit sechs Flankierungstürmen, Vorburg und Hauptburg, die über 20 große und kleine Säle aufwies, sowie der zweigeschossigen St. Nikolauskapelle war sie eine beeindruckende Anlage, die die Macht der reichsfreien Abensberger Sippe augenfällig demonstrierte.

Neben der Residenz beherrschen die beiden gotischen Bauwerke der Karmelitenklosterkirche, die nach den Regeln des Bettelordens nur ein Dachreiter ziert, und der St. Barbarakirche mit ihrem hohen, schlanken Turmhelm die Stadtsilhouette. An der Pfarrkirche wurde damals noch gebaut. Mit besonderen Ablässen versuchten der päpstliche Legat Kardinal Nikolaus von Kues und andere kirchliche Würdenträger in den Jahren 1451, 1466 und 1479 die Spendenfreudigkeit der Gläubigen zu beflügeln, um auf diese Weise die Finanzierung der Wölbung des Langhauses und der Ausstattung zu erreichen.

Wie sehr die Gesellschaft in jener Zeit noch im mittelalterlichen Denken verhaftet war, verdeutlichen auch die Vorfälle im sogenannte Hexenunwesen: 1491 sah sich der Regensburger Bischof Heinrich IV. von Absberg zum Handeln genötigt. Seiner Ansicht nach hatte das Auftreten von Hexen, Wahrsagern, Zauberern und Losdeutern in Abensberg und seiner Umgebung zu sehr überhandgenommen. Auch sein Nachfolger, Bischof Rupert II. (1492–1507), war in dieser Hinsicht sehr aktiv. Der damalige Abensberger Pfarrer, Magister Erasmus Rambein, zeigte nach Ansicht der Obrigkeit zu wenig Eifer in der Verfolgung und Bestrafung dieser Personen. Deshalb erhielt er eine scharfe Rüge von Wolfgang Haimstöckl, dem Propst des Klosters Rohr und Stellvertreter des päpstlichen Inquisitors, verbunden mit der dringenden Aufforderung, das in Abensberg grassierende Aufkommen dieser Individuen mit allen Mitteln zu bekämpfen.

Dass ander Stuck: Wia da Vata voller Stolz am Biertisch sagt dass der Hanns a hells Köpfl hot und dass er eahm amal ins Kloster ummi schicken will (»Das Leben Aventins«, Blatt 2).

DER MORD AN RITTER NIKLAS

In die Kindheit von Johannes Turmair fällt ein denkwürdiges Ereignis. Ab dem Jahr 1485 sollten sich die politischen Verhältnisse in seiner Heimatstadt grundlegend ändern, nachdem Graf Niklas von Abensberg überraschend einem gewaltsamen Tod zum Opfer gefallen war.

Auslöser für diese Tat waren Auseinandersetzungen innerhalb der Herzogsfamilie gewesen. Zwischen den Söhnen Albrechts III. von Bayern-München kam es wegen der Landesteilung zum Streit. Graf Niklas machte sich dem Erstgeborenen, Herzog Albrecht IV., dienstbar und nahm 1471 in dessen Auftrag den jüngeren Bruder Christoph gefangen, indem er ihn entgegen aller guten Sitten im Bade überfiel. Das Brüderpaar versöhnte sich danach zunächst, 14 Jahre später jedoch brach der Konflikt erneut aus. Diesmal führte Niklas als oberster

Das Abensberger Schloss von Osten aus gesehen.

Hauptmann das Heer Albrechts gegen Christoph. Bei Freising geriet er in einen Hinterhalt und wurde bei seiner Gefangennahme am 28. Februar 1485 von Seitz von Frauenberg, dem Knappen Herzog Christophs, hinterrücks erstochen.

Am 2. März 1485 fanden in der Residenzstadt die Trauerfeierlichkeiten und das Begräbnis statt. Dieses Ereignis hat der damals siebenjährige Johannes Turmair vermutlich als Augenzeuge miterlebt. Es war für ihn vielleicht ein Anstoß, sich als Erwachsener in seinen Forschungen ausgiebig mit der Abensberger Adelsfamilie zu beschäftigen. Graf Niklas, der den späteren Aufzeichnungen des Gelehrten zufolge 1441 durch den berühmten Kardinal Nikolaus von Kues in der Burgkapelle die Taufe erhalten hatte, war als Palästina-Fahrer und draufgängerischer Kämpfer ein typischer Vertreter seines Standes. Große Anerkennung war ihm zuteilgeworden, als er bei der Landshuter Hochzeit 1475 die Ehre der deutschen Ritter rettete, indem er den hochmütigen Grafen Lubin von Polen im Turnier aus dem Sattel gehoben hatte. Nun wurde er in Abensberg nach alter Sitte mit Helm und Schild beigesetzt und erhielt seine letzte Ruhestätte im Karmelitenkloster.

Zwei Jahre später ließ der bayerische Hof für den treuen Gefolgsmann am Ort seiner Ermordung südlich von Freising einen Gedenkstein errichten. 1804 auf Veranlassung von Kurfürst Maximilian IV. Joseph erneuert, kündet er noch heute von der Bluttat an diesem Ort.

Von der Residenzstadt zum Pfleggericht – Der Untergang der Abensberger

Die Vertreter des Abensberger Grafengeschlechts betonten stets stolz ihre Abstammung von den Paponen, den Burggrafen von Regensburg-Riedenburg, und deren Stammvater Papo/Babo I. Aventin und nachfolgende Forscher haben dies anhand von Quellen sowie familiären, besitz- und herrschaftlichen Verflechtungen zu bestätigen versucht. Letztendlich erscheint diese Herkunft naheliegend; ein schlüssiger Beweis fehlt jedoch. Gesichert ist der Nachweis der Sippe ab dem 11. Jahrhundert; seit 1130/40 tritt die Herkunftsangabe »de Abunsberch« auf. Die erste Erwähnung der Burg »castrum Abensperch« erfolgte 1256. Das Geschlecht der Abensberger gehörte schon früh zur Führungsschicht in Bayern.

Obwohl selbstständige Herrschaft, standen die Abensberger doch zunehmend unter dem Druck der Wittelsbacher. Niklas von Abensberg, der 1467 mit Martha von Montfort-Werdenberg die Ehe eingegangen war, hatte sich bei seinem Amtsantritt 1477 von Kaiser Friedrich III. sein reiches Erbe bestätigen lassen. Da er keinen männlichen Nachkommen hatte, adoptierte er einen Neffen seiner Gemahlin, Graf Johann von Montfort-Rothenfels, um damit den Fortbestand des Besitzes für die Familie zu sichern. Nach dem Mord an Graf Niklas hätte die Herrschaft Abensberg deshalb dem Adoptivsohn zufallen müssen. Stattdessen besetzte Herzog Albrecht IV. von Bayern-München mit seinen Truppen die Grafschaft und nahm sie rechtswidrig in Besitz. Den legitimen Erben bewegte er durch eine Geldzahlung zum Verzicht auf seine Ansprüche. Abensberg wurde zum Sitz eines bayerischen Pfleggerichts. In die Residenz zogen Beamte des Herzogs ein. Bereits am 16. Februar 1486 wurde als erster Jörg Nothaft zu Wernberg in dieses Amt berufen. 1487 heiratete der Herzog in Innsbruck ohne Einwilligung von Kaiser Friedrich III. dessen Tochter Kunigunde und behielt den Abensberger Besitz als Pfand für die nunmehr fällige Mitgift. Erst nach der Zahlung einer großen Geldsumme bestätigte Ende 1493 der Sohn des verstorbenen Kaisers, König Maximilian, die rechtliche Zugehörigkeit der Herrschaft Abensberg zum bayerischen Herzogshaus.

Trotz dieses Verlustes an politischer Unabhängigkeit behielt Abensberg noch eine Zeit lang seinen Glanz als einstiger reichsfreier Herrschaftssitz. Als der Ingolstädter Mathematikprofessor Philipp Apian zwischen 1554 und 1563 im herzoglichen Auftrag Bayern bereiste und Vermessungen durchführte, schwärmte er noch: »Abensperg. Stadt und Burg sind sehr ansehnlich ... Dies ist der Heimatort von Johannes Aventinus, des um Bayern höchst verdienten Geschichtsschreibers ....«

DIE LATEINSCHULE

Die Kindheit des Johannes Turmair war vom kleinstädtischen Umfeld im Schatten der mächtigen Stammburg der Abensberger und dem Alltags- und Feiertagsrhythmus des christlichen Jahreskreises bestimmt. Im Getriebe der Taverne, die von Einheimischen und Reisenden zum Essen und Trinken besucht wurde, wuchs der Junge auf. Durch den ständigen engen Umgang mit Bürgern und Bauern eignete er sich in dieser Zeit die Grundlagen seiner Menschenkenntnis an, die ihn später dazu befähigen sollte, das Volk, das im Mittelpunkt seines gesamten Schaffens steht, so treffend zu beschreiben.

Neben den üblichen Fest- und Markttagen beging man schon damals in Abensberg im Herbst den Gillamoos. Heute bekannt als das drittgrößte bayerische Volksfest, handelte es sich ursprünglich um einen großen Pferde- und Viehmarkt. Er wird im Jahr 1313 erstmals urkundlich erwähnt und fand anlässlich der jährlichen Wallfahrt am ersten Sonntag im September zum Kirchlein St. Gilg am Moos statt (die Kapelle wurde 1813 abgebrochen). Der hl. Ägidius oder Gilg gehört zu den 14 Nothelfern, die den Gläubigen in den Hauptnöten ihres Lebens beistehen sollen. Er ist der Wetter-, Vieh- und Hirtenpatron, hilft Beichtenden und beschützt die Mütter. Der Gillamoos war schon zu Aventins Zeiten rund um Abensberg ein besonderer Anziehungspunkt und ein gesellschaftliches Ereignis ersten Ranges im Jahresablauf.

Das solide Familieneinkommen ermöglichte dem wissbegierigen Jungen eine anspruchsvolle Schulausbildung. Zum Glück befand sich vor Ort eine Lateinschule. Eine Urkunde bestätigt, dass sie spätestens seit 1475 unter der Leitung der Karmelitenpatres bestand. Vielleicht hatten sich die Eltern schon bei der Auswahl des Taufnamens für ihren ältesten Sohn vom damaligen Prior, dem tatkräftigen Johannes Sweinshaupt, der von 1462 bis 1497 amtierte, inspirieren lassen.

Der von historischen Giebelhäusern eingefasste Stadtplatz in Abensberg mit Aventins Elternhaus, dem heutigen Hofbräu, am rechten Bildrand.

Schulunterricht im Spätmittelalter
Der Unterricht an den klösterlichen Lateinschulen und den Domschulen war in erster Linie für den geistlichen Nachwuchs bestimmt, stand aber meist auch den Söhnen der Bürger offen. Hauptziel war die sichere Beherrschung der lateinischen Sprache, der liturgischen Texte und des Chorgesangs. In günstigen Fällen vermittelten diese Schulen bereits Basiskenntnisse der »Septem Artes Liberales« (sieben freien Künste), aus denen sich der Studieninhalt der »Artistenfakultäten« (der philosophischen Fakultäten) an den Universitäten zusammensetzte. Sie umfassten das so genannte Trivium – Grammatik, Dialektik und Rhetorik – und das Quadrivium – Arithmetik, Geometrie, Astronomie und Musik. Man las die Bibel, Heiligenlegenden und weitere geistliche lateinische Texte. Die römischen Klassiker (Vergil, Sallust, Horaz) und Texte wie die »Ilias latina« (vollendet 68 n. Chr.), eine Kurzfassung von Homers »Illias«, standen zumeist erst an den Hochschulen auf dem Programm. Unter dem Humanisten Konrad Celtis (siehe Kap. 2) wird man in der Regensburger Domschule vielleicht schon modernere Werke bearbeitet haben, wie zum Beispiel die berühmte lateinische Liebesnovelle »Guiscardus et Sigismonda« (nach Boccaccios »Decamerone«) oder die Liebesnovelle »Euryalus und Lucretia« des Enea Silvio Piccolomini und dessen Briefe.
Neben den Kloster- und Domschulen gab es auch städtische Schulen, die vom Magistrat bezahlt wurden. Sie entsprachen oft mehr den praxisorientierten Bildungsbedürfnissen der Bürger und Handwerker, vermittelten neben der religiös-sittlichen Erziehung das Lesen und Schreiben in deutscher Sprache, Rechnen, wirtschaftliche Grundlagen sowie Grundkenntnisse in Latein.
Die Aneignung der Lehrinhalte erfolgte durch Zuhören, Vorlesen, mühsames Einprägen, Wiederholen und Abschreiben. Zur Disziplinierung der Schüler waren Prü-

DASS DRITTE STUCK: WIA S EAHM SELLBIGSMOLL DIE GSCHEIDHEIT LATEINISCH EINTRICHTERT HAM SO WIAS HALT DER BRAUCH WAR BEI DENE FRUMMA KARMELITER (»Das Leben Aventins«, Blatt 3).

gel, Pranger und andere drastische Strafmethoden üblich. Die Rute diente als Symbol des Lehrers. »Do er noch clain und ein kind was, muest er in der schuel under der rueten sein«, berichtet Aventin über Alexander den Großen (SW 4, S. 337). »Man möchte es nicht für eine Schule, sondern eine Folterkammer nennen, so schallt es von Ruten- und Stockschlägen«, schrieb Erasmus von Rotterdam im Jahr 1529.

Um die Jahrhundertwende kamen die »Poetenschulen« auf, die dem modernen humanistischen Bildungsideal verpflichtet waren. Eine Institution dieser Art wurde 1503 in Regensburg gegründet. Aus ihr ging das protestantische Gymnasium der Reichsstadt hervor, das bis nach 1800 bestand.

Man darf annehmen, dass dieser den jungen Turmair um 1484 in die klösterliche Bildungsstätte aufgenommen hat. Der viereckige Klosterkomplex lag nur ein paar Schritte westlich seines Elternhauses. Seine Gebäude und Gärten erstreckten sich auf einem großen Areal im neueren Teil der Stadt. Neben der Lateinschule waren hier unter anderem auch das Archiv und die Klosterbibliothek mit zahlreichen Handschriften und Wiegendrucken untergebracht. In den Händen von Lektor Pater Jodokus Berndorfer († 1500) lagen die religiös-sittliche Erziehung der Kinder sowie der Latein- und Musikunterricht, der sich im Allgemeinen an den Anforderungen des Gottesdienstes orientierte. Durch diese frühzeitige und sicher auch strenge Schulung erwarb sich Johannes Turmair solide Lateinkenntnisse. Sie waren damals für eine Karriere unverzichtbar. An den Prior und den Schulmeister aus der Jugendzeit des Gelehrten erinnern noch heute ihre Grabsteine im Südflügel des Klosterkreuzgangs.

2 Ein humanistischer Bildungsweg (um 1490–1508)

Einige Umstände sprechen dafür, dass Johannes Turmair nach der Abensberger Lateinschule seine Ausbildung in der ersten Hälfte der 1490er-Jahre an der Domschule in Regensburg fortsetzte. Seine fundierten Mathematik- und Lateinkenntnisse sowie die enge Beziehung zu seinem späteren Mentor Konrad Celtis weisen darauf hin. Vielleicht hatten ihn die Eltern anfangs sogar für einen geistlichen Beruf bestimmt. Einer Angabe zufolge erhielt Turmair 1496 in Regensburg die Akolythenweihe, die höchste der vier niederen Weihen, die dazu berechtigte, dem Priester beim eucharistischen Opfer und bei der Spendung der Sakramente zu assistieren. Sie war Voraussetzung für die Priesterweihe. Doch der junge Abensberger sollte diese Laufbahn nicht weiter verfolgen. Schon die Wahl seines ersten Studienortes weist darauf hin.

Der damals schon berühmte Dichter Konrad Celtis, der für den jungen Johannes Turmair zum wichtigsten Lehrer und engen Berater werden sollte, hatte nach seinem Wanderleben durch die wichtigsten Bildungsstätten Europas im Winter 1492/93 für einige Monate die Leitung der Domschule in Regensburg übernommen. Seine Vermittlung auf diesen Posten erfolgte durch den Regensburger Kanoniker Johannes Tolhopf (1429–1503), einen der bedeutendsten Mathematiker im süddeutschen Raum, der später als Rektor an der Universität Ingolstadt agieren sollte.

Celtis war zeit seines Leben auf der Suche nach alten Handschriften antiker und mittelalterlicher Autoren. In Regensburg arbeitete er vor allem in der Bibliothek des Benediktinerklosters St. Emmeram. Sie besaß mit ihrem reichen Handschriftenbestand eine der bedeutendsten Sammlungen. Johann Tegernpeck, der 1471 zum Abt gewählt worden war, hatte den Bestand systematisch um eine große Anzahl gedruckter Werke erweitert. Der neue Abt Erasmus Münzer (Amtszeit 1493–1517) pfleg-

Aventins Lehrer Konrad Celtis

Konrad Celtis (1459–1508; eigentlich Konrad Pickel/Bickel), Sohn eines Winzers aus Wipfeld bei Schweinfurt, studierte an der Artistenfakultät in Köln und erwarb in Heidelberg, wo er Schüler des Humanisten Rudolf Agricola war, den Magistergrad. Nach Studien in Rostock und Erfurt lehrte Celtis 1486 in Leipzig. Seine »Ars versificandi et carminum« (1486), die dort entstand, war das erste Poetik-Lehrbuch des deutschen Humanismus. 1487 wurde er auf Empfehlung Kurfürst Friedrichs von Sachsen auf dem Nürnberger Reichstag von Kaiser Friedrich III. als erster deutscher Dichter mit dem Titel »poeta laureatus« ausgezeichnet. Die anschließende Italienreise brachte ihn in Kontakt zu führenden Humanisten. Nach einem Abstecher nach Ungarn lehrte er 1489 in Krakau und reiste bis Danzig. Nach längeren Aufenthalten in Prag und Nürnberg sowie weiteren Stationen in Ingolstadt (ab 1591/92), Regensburg (ab 1592) und Heidelberg (1595/96) verbrachte er sein letztes Lebensjahrzehnt überwiegend in Wien, wo er ab 1497 einen Lehrstuhl für Poetik und Rhetorik innehatte.

Celtis reformierte die universitären Lehrpläne, gründete und pflegte Netzwerke unter den Wissenschaftlern durch umfangreiche Korrespondenzen und die Förderung von literarischen Gesellschaften, sorgte für die Wiederbelebung antiker Dichtung, brachte die »Germania« von Tacitus und andere Werke heraus. Er initiierte und führte das Wiener Poetenkolleg (1502 eröffnet), leitete Theaterabende am Wiener Hof, schrieb Festspiele, Oden und Epigramme. Nach dem Vorbild Ovids entstanden seine »Quatuor libri amorum« (1502), die von Albrecht Dürer illustriert wurden. In seiner Generation bildete er den Mittelpunkt des süddeutschen Humanistenkreises. Aventin bezeichnete sich bei vielen Gelegenheiten stolz als Schüler von Konrad Celtis und betitelte ihn verehrungsvoll als »Homerus Germanicus«, als »deutschen Homer« (SW 1, S. 632).

te selbst enge Kontakte zu einzelnen Humanisten und förderte deren Forschungen.

Im Herbst 1493 entdeckte Celtis hier die verschollenen Dramen der adeligen Dichterin und Nonne Hrotsvith von Gandersheim, die um 930 geboren wurde und bis nach 973 lebte. Sie gilt als die erste deutsche Lyrikerin, deren Werke, die sie in Latein schrieb, überliefert sind. Celtis ließ von Albrecht Dürer Zeichnungen zu ihren Schriften anfertigen und brachte sie 1501 zusammen mit einem Vorwort aus seiner Feder in Nürnberg heraus. Die aufwendige Publikation war Kurfürst Friedrich III. von Sachsen gewidmet, der sie finanziert hatte. Die gelehrte Welt feierte die Entdeckung dieses Werks damals wie eine Sensation. Als Quellenedition wurde es zum Vorbild für viele nachfolgende Werke.

STUDIUM IN INGOLSTADT

An der Schwelle zur Neuzeit stellte vor allem für den geistlichen Nachwuchs die Universität Leipzig das Bildungszentrum für den mittel- und süddeutschen Raum dar. Unter den landsmannschaftlich gegliederten Studentenschaften hatten dort die Bayern den stärksten Anteil. Der 18-jährige Johannes Turmair schrieb sich jedoch 1495 an der damals noch jungen Universität in Ingolstadt ein. Unter dem Datum des 21. Juni ist er im Matrikelbuch der Hochschule vermerkt: »Johannes Turmair ex Abensperg.« Die Lehranstalt befand sich in der Altstadt in einem Profanbau des 15. Jahrhunderts. Der mehrgeschossige Bau mit hohem Satteldach und einem mit Lisenen gegliederten Nordgiebel mit Dachreiter besteht noch heute.

Eine schwärmerische Beschreibung der Stadt und ihrer Vorzüge lieferte Herzog Ludwig der Reiche persönlich in einem Brief aus dem Jahr 1458 an Papst Pius II., als er um die Genehmigung seiner Gründung ersuchte: »Die Pest herrscht hier nur sehr selten [...]. Es befinden sich daselbst auch Wälder um die Stadt, zu Spaziergängen einladend, wie auch zur Jagd. In der Stadt sind herrliche Kirchen, sonderbar der Tempel zur Unserer Lieben Frau, welcher zu großen akademischen Festen

Die erste bayerische Landesuniversität
1472 gründete Herzog Ludwig der Reiche von Niederbayern die Hohe Schule zu Ingolstadt. Sie war die elfte Universität im Heiligen Römischen Reich deutscher Nation, nachdem Kaiser Karl IV. 1348 in Prag die erste Studienanstalt begründet hatte. Ingolstadt wurde zum geistigen Mittelpunkt des Herzogtums erhoben, um es nach dem Aussterben der Ingolstädter Linie für den Verlust der Residenz zu entschädigen. Die Universität brachte Geld in die Stadt; die Studenten machten bald ein gutes Zehntel der Einwohnerzahl aus. Zugleich schuf der Herzog damit eine Bildungsstätte für seine Beamtenschaft. Als erster Rektor fungierte der Oberpfälzer Rechtsgelehrte Christoph Mendel von Steinfels. Es gab die vier Fakultäten Theologie, Jurisprudenz, Naturwissenschaften und Philosophie. Die bedeutendsten Persönlichkeiten, die hier wirkten, waren der Humanist Konrad Celtis, der Historiker Johannes Aventinus, der Theologe Johannes Eck, der Mathematiker Peter Apian und der Jesuit Petrus Canisius. Seit 1505 wurde in Ingolstadt auch das Hebräische, seit 1515 das Griechische gelehrt.
Wenige Jahrzehnte nach ihrer Gründung zählte die Hohe Schule von Ingolstadt schon die für damalige Zeiten enorme Zahl von 40 Magistern und Doktoren. 1520 versammelte allein der große Johannes Reuchlin, der Gräzist und Begründer der Hebraistik in Deutschland, bei seinen Vorlesungen 300 Studenten um sich. Bis zum Dreißigjährigen Krieg gehörte Ingolstadt zusammen mit Leipzig, Erfurt, Wittenberg und Köln zu den fünf großen deutschen Universitäten mit mehr als 400 Studenten. Junge Männer – Frauen durften damals noch nicht studieren – aus ganz Europa schrieben sich in Ingolstadt ein. Die Matrikel belegen, dass Franzosen, Spanier, Schweizer, Italiener und Engländer hier ihre Fortbildung absolvierten; etliche Ingolstädter Studenten stammten auch aus Osteuropa.

> Von 1549 bis 1773 stand die Universität unter dem beherrschenden Einfluss der Jesuiten. Während der Gefährdung der Stadt durch Napoleon musste die Universität um 1800 nach Landshut umziehen. 1802 hat man die Studienanstalt nach ihrem Stifter Ludwig dem Reichen und dem damals amtierenden Kurfürsten Max IV. Joseph in Ludwig-Maximilians-Universität umbenannt. König Ludwig I. siedelte sie 1826 in seiner Residenzstadt München an.

hinlänglich Raum bietet [...]. Die Häuser sind geräumig, manche prachtvoll, sie enthalten Wohnungen für mehr als tausend Studenten [...]. Der Wein ist etwas teuer, das Fleisch ist gut, das Brot vorzüglich und Fische liefert die Donau ebenso viel, als köstlich.«

HUMANISMUS CONTRA SCHOLASTIK

Der Studienbetrieb in Ingolstadt war in den ersten Jahrzehnten größtenteils noch durch die mittelalterliche Scholastik geprägt. Auf der Basis der Schriften des Aristoteles und weiterer Textgrundlagen versuchte man, die kirchlichen Dogmen des Katholizismus und ebenso Fragestellungen anderer Fachbereiche mit philosophischen Mitteln rational zu begründen. Ziel der Scholastik war daher nicht die Wahrheitsfindung, sondern die rationale Begründung, Deutung, Systematisierung und Verteidigung der bereits vorliegenden (Glaubens-)Wahrheit. Weitschweifige theoretische Erwägungen und Erörterungen bei einer Vielzahl von unterschiedlichen methodischen Ansätzen waren dabei kennzeichnend.

1492 lasen in Ingolstadt noch 33 Dozenten über Aristoteles und waren in ihren Meinungen völlig zersplittert. Ein konzentriertes wissenschaftliches Arbeiten war in dieser Umgebung unmöglich. Aventin beschrieb diese ausufernden Gelehrtendispute selbst eindrucksvoll in seiner »Chronica«: »... hat sich ein jeglicher auff eine besondere meinung und monir gelegt, dermassen, dass einer ... anders nichts versteht, die andern all veracht, mit in zanket, greint, kriegt, hadert, demnach also durch einander greinen wie die Haberkatzen, einer ist Schotist, ein ander ein Thomist, der dritt ein Albertist, der vierdt ein Realist, der fünfft ein Occanist ... und ist mit ruffen und schelten kein auffhören, darum seyns nimmer der sachen eins ... ungelehrt und geistlos ... wie dann auch unser Teutsch Sprichwort ist, Je gelehrter, je verkerter.«

Doch noch während seiner Studienzeit gewann ein neues Bildungsideal die Oberhand. Humanistische Strömungen sind zwar bereits in den ersten Jahrzehnten seit der Gründung der Universität nachweisbar, aber erst der erfahrene, redegewandte Gelehrte Konrad Celtis konnte der modernen Denkweise zum Durchbruch verhelfen. Schon vor seiner Berufung auf einen Lehrstuhl 1594 übernahm er im Sommersemester 1592 zunächst eine halbjährige außerordentliche Professur für Rhetorik und Poetik an der Artistenfakultät. Am 31. August 1492 hielt er vor den Lehrern und Studenten der Universität eine fulminante Antrittsrede, in der er seine neuen Studieninhalte vorstellte und die Ziele des Humanismus umriss. Celtis lehrte die »ars humanitatis«, die eine optimale Entfaltung der menschlichen Fähigkeiten durch die Verbindung von Wissen und Tugend anstrebte. Humanistische Bildung sollte an klassischen Vorbildern geschult werden und den Menschen befähigen, seine eigentliche Bestimmung zu erkennen und sich selbst zu verwirklichen.

Seinen Studenten empfahl Celtis drei Hauptziele: die wahre Erkenntnis der Dinge, die Erforschung der Natur und das Streben nach der Reinheit der lateinischen Sprache, die man sich nur durch die Lektüre der Klassiker aneignen könne. Celtis betonte in seinen Vorlesungen aber ebenfalls, wie wichtig das Studium der deutschen Geschichte sei. Er bezeichnete es als Schande, die griechische und römische Geschichte nicht zu kennen; weit beschämender sei es aber, die Geschichte des eigenen Volkes, die Eigenarten des eigenen Landes, der Flüsse und Berge, der Altertümer und der Volksstämme nicht zu kennen. Der Erzhumanist regte als einer der ersten Professoren das Quellenstudium an und forderte, die Schriftstücke und andere Zeugnisse aus der Vergangenheit allgemein zugänglich zu machen.

Das virt Stuck: Wia er z Inglstat 1495 u a etla Jor nacha z Krakau gstudirt hot – Griechisch hot a glesn u geschribn – gredt aba wia eahm da Schnobe gwachsn wor (»Das Leben Aventins«, Blatt 4).

Johannes Turmair studierte in Ingolstadt von 1495 bis Anfang des Jahres 1499. Er erreichte hier seinen ersten akademischen Abschluss. Bei der Auswahl seiner Fächer war er weniger darauf bedacht, damit die Grundlage für eine berufliche Karriere zu schaffen. Vielmehr widmete er sich vor allem den philosophischen und geschichtlichen Studien, den »studiis humanitatis«, und folgte damit dem Rat Celtis', dessen Geisteshaltung ihn entscheidend beeinflusste.

Der Poetikprofessor ging neben seinen Vorlesungen noch vielfältigen anderen Aktivitäten nach. Als im Sommer 1495 in Ingolstadt die Pest ausbrach, reiste er für einige Monate nach Heidelberg, um den Meinungsaustausch mit dem dort ansässigen Humanistenkreis zu pflegen und seinen Freund Johannes Trithemius, den Abt der Benediktinerabtei Sponheim, zu besuchen. Das Kloster übte damals wegen seines überwältigenden

> **Aventinus – Der selbst gewählte Gelehrtenname**
> Die Vorliebe für die klassischen Sprachen bewirkte, dass sich viele Wissenschaftler damals griechische oder lateinische Namen zulegten. Dabei wurde zumeist der eigene Name ins Lateinische übersetzt. Konrad Celtis war auf diese Weise verfahren. Sein Taufname lautete Konrad Pickel/Bickel, wobei sich der Familienname auf den Pfahlpickel, das Werkzeug des Winzers zur Behandlung steiniger Böden, bezieht. Er hängte an seinen Vornamen die lateinische und die griechische Übersetzung seines Familiennamens an und titulierte sich nach Humanistenart Konradus Celtis Protucius. Johannes Turmair dagegen leitete seinen Gelehrtennamen von der alten Bezeichnung seiner Heimatstadt »Aventberg« ab und nannte sich fortan »Aventinus«, der »Abensberger«. Für den Rest seines Lebens sollte er sich in seinen Werken und Briefen mit diesem Namen bezeichnen. Einer der ersten deutschen Humanisten, Nikolaus Cryfftz aus Kues, besser bekannt als Nicolaus Cusanus, der auch engere Beziehungen zum Abensberger Grafengeschlecht unterhielt (siehe Kap. 1), diente ihm darin vielleicht als Vorbild. Gleichzeitig zeigt sich in dieser Namenswahl die heimatliche Verbundenheit des Gelehrten.

Bücherschatzes, dessen Anschaffung jedoch den Großteil der Einnahmen verschlang, eine immense Anziehungskraft auf alle Gelehrten aus. Im Herbst 1497 verließ Celtis Ingolstadt endgültig. Er folgte der Berufung durch Erzherzog Maximilian I. an die Universität Wien. Von den Humanisten der Donaugesellschaft (»Sodalitas litteraria Danubiana«) wurde ihm dort ein triumphaler Empfang bereitet.

IN DER KAISERSTADT WIEN

Der junge Abensberger Student war vorerst in Ingolstadt geblieben. Nachdem ihm jedoch 1498 eine Erbschaft aus der Familie seiner Mutter zugefallen war, erhielt er durch diese finanziellen Mittel die Gelegenheit, seinem verehrten Lehrer nach Wien zu folgen. Aventinus studierte ab Wintersemester 1498 bis Dezember 1500 in der Kaiserstadt und lebte während dieser Zeit in Hausgemeinschaft mit Konrad Celtis.

Die 1365 gegründete Universität, nach Prag und Krakau die älteste im deutschen Sprachraum, erlebte unter der Regierung Maximilians I. (Amtszeit 1493–1519, 1508 zum Kaiser gekrönt) großen Aufschwung. Sie war bereits ganz vom humanistischen Geist erfüllt, vermittelt durch italienische Renaissanceliteratur und die Absolventen oberitalienischer Universitäten. Damit verbunden war ein neues Weltbild, das den Menschen nicht mehr als Spielball göttlicher Vorsehung, sondern als eigenständiges Wesen interpretierte, das für sein Handeln selbst verantwortlich war. Das Weltgeschehen und die Ereignisse der Geschichte galten daher nicht länger als unbeeinflussbares Ergebnis göttlicher Allmacht, vielmehr erkannte man nun allgemein, dass sie den Auswirkungen menschlicher Macht- und Interessenpolitik unterlagen.

In Wien trafen Ende des 15. und Anfang des 16. Jahrhunderts bedeutende Renaissancekünstler und Gelehrte aller Sparten aufeinander. Darunter befanden sich zum Beispiel exzellente Musiker wie Paul Hofhaimer, der spätere Organist am Salzburger Dom im Dienst von Fürsterzbischof Matthäus Lang von Wellenburg, der später auch Aventin förderte, und Heinrich Isaak, Hofkomponist ab 1497; oder die Maler Albrecht Dürer und Lucas Cranach der Ältere, die hier Kontakte zu führenden Humanisten knüpften. Der achtstöckige Sternwarteturm des Herzogkollegs entwickelte sich zu einem Forschungszentrum der Astronomie. Etwa zeitgleich mit Aventin war auch der spätere Schweizer Reformator Ulrich Zwingli (1484–1531) 1498/99 an der Universität Wien eingeschrieben.

Der Abensberger Student führte hier seine humanistischen Studien fort. Sein Lehrer war wiederum Celtis. Daneben machte er auch Bekanntschaft mit dem exzellenten Mathematiker und Astronom Andreas Stiborius, der ab 1497 in Wien lehrte, und mit dem Dichter Johannes Cuspinian, der während seines Medizinstudiums bis 1499 auch Vorlesungen an der Wiener Artistenfakultät hielt. Aventin sollte in den Folgejahren der

Kaiserstadt wiederholt längere Besuche abstatten und dabei in Kontakt zu vielen maßgeblichen Gelehrten seiner Zeit kommen. Sein Lehrmeister, der die Entwicklung der rheinischen Gesellschaft (Societas Rhenana) und der Donaugesellschaft (Sodalitas Danubiana) maßgeblich förderte, verschaffte ihm den Zutritt zu diesen wichtigen Gelehrtenverbänden.

Den Eintragungen in seinem Hauskalender zufolge verließ Aventin am 10. Dezember 1500 Wien und traf am Heiligen Abend in Abensberg ein. Dort hielt er sich im Kreis seiner Familie, Verwandten und Bekannten bis zum 9. März 1501 auf. Anschließend machte er sich auf den Weg nach Krakau, um dort, auf Empfehlung seines Lehrers Celtis hin, seine Studien fortzusetzen.

KRAKAU UND PARIS

Die alte polnische Königsstadt Krakau besaß gegen Ende des 15. Jahrhunderts eine hoch angesehene Universität, an der vor allem die Naturwissenschaften gepflegt wurden, sowie eine berühmte Bibliothek. Sie zog Studenten aus ganz Europa an, darunter auch viele Bayern. Hier lehrte Albert von Brudzew Mathematik und Astronomie. Nikolaus Kopernikus, ein Zeitgenosse Aventins, der das heliozentrische Weltbild entdeckte, hatte bei ihm studiert. Der Italiener Philipp Callimachus vertrat die klassische Literatur. Beide Professoren waren enge Freunde von Celtis, der selbst längere Zeit in Krakau verbracht hatte. Aventin widmete sich hier ab dem Sommer 1501 den mathematischen Disziplinen, die damals eine noch junge universitäre Fachrichtung darstellten. Die Kenntnisse, die er sich dabei erwarb, sollten ihm später unter anderem bei der Ausarbeitung seiner Landkarte von großem Nutzen sein.

Nach zehnmonatigem Aufenthalt verließ Aventin Krakau am 28. März 1502 und reiste über Warschau, Leipzig, Erfurt, Coburg, Bamberg und Nürnberg nach Hause. Als er dort am 22. Mai eintraf, musste er erfahren, dass sein Vater am Tag seiner Abreise aus Polen verstorben war. Er hatte auf dem Friedhof der Pfarrkirche St. Barbara seine letzte Ruhestätte gefunden. Nun musste eine Reihe familiärer Angelegenheiten geregelt werden.

Aventin blieb für die nächsten acht Monate in Abensberg. Die Pachteinkünfte aus dem Kammerhof in Sandharlanden, die sein Vater 1497 erworben hatte, waren ihm überschrieben worden. Dieses Erbe machte ihn wirtschaftlich unabhängig.

Am 4. August fand die Verlobung, am 17. September die Hochzeit seiner Schwester Margaretha mit Wolfgang Tychner statt. Das Paar führte die Turmair'sche Hofwirtschaft weiter. Aventin nutzte die Zeit für Ausflüge in die Umgebung, besuchte unter anderem die Weinlese in Kelheim und verbrachte vier Wochen in Leipzig.

Im Dezember 1502 kam Konrad Celtis auf Besuch. Aventin ritt ihm bis Altötting entgegen. Beide trafen am 7. Dezember in Abensberg ein. In den folgenden Wochen reisten sie zu Pferde nach Rohr, Regensburg und Ingolstadt. Vom 12. bis 17. Januar 1503 hielt sich Aventin erneut in Ingolstadt auf. Er hatte sich nun entschlossen, die ihm zugefallenen Geldmittel dafür zu nutzen, seine Studien an der traditionsreichsten Universität Europas, in Paris, abzuschließen.

Dank der Aufzeichnungen im »Hauskalender« ist man über die Stationen dieser rund vierwöchigen Reise gut informiert. Sein Weg führte Aventin von Ingolstadt aus über Nördlingen, Aalen, Schwäbisch-Gmünd, Pforzheim, Ettlingen, Straßburg, Basel, Breisach, St. Nicolas-du-Port, Chalons-sur-Marne, Chateau-Thierry nach Paris, wo er am 14. Februar 1503 ankam.

Die folgenden 13 Monate waren weniger dem quirligen Studentenleben im Quartier Latin als vielmehr der Philologie und Theologie gewidmet. Der junge Gelehrte vertiefte bei Professor Jodok Clitoväus seine Kenntnisse der griechischen Sprache, lernte auch Hebräisch und beschäftigte sich mit dem Urtext der Bibel. Griechisch beherrschte er anschließend so gut, dass er Homers Schriften im Original lesen konnte und es auch später noch für viele seiner Notizen verwendete. Seinem Pariser Lehrer Jakob Faber Stapulensis, einem kritischen Aristoteles- und Bibelkenner, verdankte Aventin ein besseres Verständnis der aristotelischen Philosophie und der Heilsgeschichte.

Der junge Abensberger muss ein auffallend fleißiger Student gewesen sein. Beatus Rhenanus, ein bedeutender Huma-

Die Hohe Schule zu Paris

Bereits 1200 bestätigte Philipp II. eine »universitas magistrorum et scholarium« (Vereinigung von Lehrern und Scholaren) in Paris. Diese Institution unterstand der Kirche und entwickelte die Fakultäten der freien Künste, Recht, Medizin und Theologie. Berühmte Lehrer der Anfangszeit waren Albertus Magnus (1200–1280), Bonaventura (1221–1274) und Thomas von Aquin (1225–1274). Durch die Einrichtung von Kollegien wurde den Studenten ein erschwinglicher Aufenthalt in Paris ermöglicht. Unter ihnen befand sich das Collège de Sorbonne für Theologiestudenten, das vermutlich von Robert von Sorbon (1201–1274), dem Hofkaplan König Ludwigs des Heiligen, gegründet wurde. In ihm wurden auch die Sitzungen der theologischen Fakultät abgehalten, in denen wichtige kirchenpolitische Auseinandersetzungen stattfanden und grundlegende Fragen zur Gestaltung des Katholizismus behandelt wurden. Bis Ende des 15. Jahrhunderts wurde es üblich, diese Fakultät selbst als die »Sorbonne« zu bezeichnen. Das reiche Stiftungsvermögen und bedeutende Professoren brachten ihr großes Ansehen und politischen Einfluss. Um 1500 kam hier jedoch eine konservative Tendenz auf, die neue Strömungen, wie zum Beispiel den Humanismus, ablehnte. In der Folgezeit kämpfte diese Institution vergeblich gegen die Einführung des Jesuitenordens in Frankreich (1562) und unterstützte die Gründung einer französischen Nationalkirche. Im 18. Jahrhundert wandte sie sich gegen die Aufklärung, verlor dadurch alle Autorität und wurde während der Französischen Revolution geschlossen. 1808 durch Napoleon wieder begründet, erfolgte ab 1885 ihr Ausbau zur größten Universität Frankreichs. Nach den Studentenunruhen 1968 und einer grundlegenden Reformierung wurde sie 1971 in 13 selbstständige Universitäten aufgegliedert.

nist aus dem Elsass, der zeitgleich mit ihm in Paris studiert hatte, aber damals noch keinen näheren Kontakt zu ihm pflegte, äußerte sich in einem seiner späteren Briefe voller Anerkennung über dessen Studieneifer.

»Sonntag den 24. März empfing ich den Meisterkranz und Mittwoch, den 27. zugleich mit 800 das Birett«, notierte Aventin über den Abschluss seines Studiums. Er hatte sich nun an den wichtigsten Bildungsstätten Europas umfassende Kenntnisse in allen Fächern der »Artes Liberales« erworben und als 26-Jähriger mit der Magisterwürde den erfolgreichen Abschluss seiner anspruchsvollen Ausbildung erreicht. Damit erfüllte er alle Voraussetzungen für eine glänzende akademische Karriere. Drei Tage nach der Abschlussfeier, am Palmsonntag (31. März), verließ Aventin Paris.

WANDERJAHRE

Nachdem er aus Frankreich zurückgekehrt war, erlebte Aventin 1504 von seiner Heimatstadt aus den Landshuter Erbfolgekrieg. Seinen Zerstörungen fielen unter anderem die umliegenden Ortschaften Siegenburg, Mainburg, Rohr und Paring zum Opfer. König Maximilian I. hatte in Bad Abbach sein Hauptquartier aufgeschlagen. Am 16. September siegte er in der Schlacht von Wenzenbach. Der sogenannte Kölner Spruch am 30. Juli 1505 regelte dann den Zusammenschluss von Ober- und Niederbayern in einem verkleinerten Herzogtum Bayern und schuf die Grundlagen für das neue Fürstentum Pfalz-Neuburg, das den unmündigen Söhnen des mittlerweile verstorbenen Pfalzgrafen Ruprecht, Ottheinrich und Philipp, zugesprochen wurde.

Die Monate von Juni bis September 1504 verbrachte Aventin bei den Geschwistern in Abensberg. In den folgenden Jahren war er oft und lange auf Studienreisen. Von November bis Dezember 1504 und wiederum von Januar bis März des darauffolgenden Jahres hielt er sich in Straubing auf. Vielleicht war er in dieser Zeit für das Karmelitenkloster Abensberg tätig, das engen Kontakt zu den Glaubensbrüdern in der Gäubodenstadt pflegte. Ab Ende März bis Dezember 1505

Reisefreudige Humanisten
In den Jahrzehnten um 1500 waren in Mitteleuropa bereits Tausende von Gelehrten und Studenten unterwegs, um ihren Wissenshorizont zu erweitern. Der Besuch von Vorlesungen bei Experten bestimmter Fachrichtungen, das Studium der Schriften antiker Autoren und der Relikte fremder Kulturen, der Kontakt mit anderen Wissenschaftlern und nicht zuletzt die Aussicht auf eine lukrative Karriere bewegten sie zu ausgedehnten Reisen. Viele Studenten wechselten mehrfach die Hochschule und blieben auch später ihrem Wanderleben treu, zum Beispiel Konrad Celtis oder der Universalgelehrte und preisgekrönte Dichter Thomas Murner (1475–1537), der zwischen 1495 und 1500 allein an neun Hochschulen studierte. Begehrt waren Studienabschlüsse an einer italienischen Hochschule; beispielsweise galt die Universität Bolognia als Hochburg des römischen Rechts.

Die meisten Reisenden in jener Zeit waren zu Fuß unterwegs. Dabei konnte man je nach Geländebeschaffenheit zwischen 20 und 40 km pro Tag zurücklegen. Mit Pferd und Gepäck schaffte man bis zu 50 km. Am schnellsten reiste man mit dem Schiff flussabwärts bei bis zu 100 km pro Tag. Unterkunft fand man bei Standes- und Berufskollegen, in Klöstern, Wirtshäusern oder bei Bauern. Benediktiner- und Zisterzienserabteien, die aufgrund ihrer Ordensregel ausdrücklich zur Gastfreundschaft verpflichtet waren, boten ein Netz von Herbergen an den viel frequentierten Wegen.

Überlieferte Reiseberichte aus dem Spätmittelalter zeigen, dass aus der Region des heutigen Bayern vor allem viele Bürger aus Franken unterwegs waren. Darin spiegelt sich die große Bedeutung, die der Reichsstadt Nürnberg als Handels- und Kommunikationszentrum damals zukam. Zugleich bestätigt sich darin die Meinung Aventins, dass die Altbayern nicht gerne in ferne Länder reisten und lieber daheim blieben.

besuchte er Konrad Celtis in Wien. Nach einer Visite Regensburgs im Januar und Februar 1507 war er von März bis Dezember erneut in Wien. Die nächsten Monate blieb er in der Heimatstadt; im November und Dezember arbeitete er an der Universität in Ingolstadt. In dieser Zeit verfasste er fünf lateinische Gedichte, die er Herzog Albrecht IV. zukommen ließ. Darin beglückwünschte er den Regenten zum erfolgreichen Abschluss des Landshuter Erbfolgekrieges und zur wiedergewonnenen staatlichen Einheit Bayerns (SW 1, S. 617ff). Vermutlich verband Aventin mit diesem Geschenk die Hoffnung, eine Anstellung am Hofe zu erreichen. Der schmale handschriftliche Band mit Widmungsbild wird heute in der Bayerischen Staatsbibliothek aufbewahrt.

3 Der Prinzenerzieher (1509–1517)

Ab dem Winter 1507 lehrte Aventin als Privatdozent an der Hochschule in Ingolstadt. Er hielt dort Vorlesungen über Mathematik, Astronomie und die Werke Ciceros. Offensichtlich strebte er eine Professur an und rechnete mit der baldigen Berufung durch Herzog Albrecht IV. den Weisen. Der überraschende Tod des Regenten am 18. März 1508 machte diese Pläne jedoch zunichte.

Kurz zuvor war Aventins Mentor Konrad Celtis gestorben. Er erlag am 4. Februar 1508 im Alter von 49 Jahren in Wien der Syphilis. Unter großer Anteilnahme seiner Freunde und Kollegen wurde der bedeutende Gelehrte im Stephansdom zu Grabe getragen.

Herzog Albrecht IV. hatte nach dem jüngst überstandenen Landshuter Erbfolgekrieg sein Herzogtum absichern und künftige Streitigkeiten innerhalb seiner Familie möglichst vermeiden wollen. Deshalb erließ er noch im Jahr 1506 das sogenannte Primogeniturgesetz, mit dem er die Unteilbarkeit Bayerns und die Erstgeburtsordnung einführte. Demnach war der älteste Sohn allein zur Regentschaft bestimmt; seine nachgeborenen Brüder sollten mit einem Grafentitel und einer finanziellen Entschädigung abgefunden werden. Das hatte zur Folge, dass von seinen drei Söhnen nur Wilhelm IV. für seine Nachfolge vorgesehen war. Der mittlere Sohn Ludwig X. erhielt den Titel eines Grafen von Vohburg, und Ernst, der jüngste, war für den geistlichen Stand bestimmt.

Nach dem Tod des Herzogs am 18. März 1507 fiel nun die Herrschaft an Prinz Wilhelm IV. Da er jedoch noch nicht volljährig war, wurde mit Einwilligung von König Maximilian I. eine vormundschaftliche Regierung berufen, der sein Onkel Herzog Wolfgang und sechs gewählte Vertreter der Stände angehörten. Gleichzeitig beschloss man, dass seine Brüder Ludwig und Ernst nach dem Vorbild italienischer Renaissancehöfe in den nächsten Jahren eine moderne humanistische Ausbil-

Das funft Stuck: Wia da Aventin im Johr 1508 dene bayrischen Printzen Ludwiggl und Ernstl z Burghausen oben mit Fleiss a pfunts Bildung beibracht hot (»Das Leben Aventins«, Blatt 5).

dung erhalten sollten, damit sie dem neuen Leitbild des gebildeten Regenten entsprachen. Der bisherige Lehrer von Prinz Ernst, Johann Miller, ein Magister der Philosophie, trat von seinem Amt zurück und wirkte fortan als Pfarrer.

VERTRAUENSSTELLUNG AM HERZOGSHOF

Am 19. Dezember 1508 überreichte Vitus Peringer, ein Ingolstädter Bürger und Mitglied der vormundschaftlichen Regierung, dem damals 31-jährigen Aventin eine Vorladung an den Münchner Hof. Dort erhielt der Gelehrte von Herzog Wilhelm IV. den ehrenvollen Auftrag, sich künftig der Erziehung der Prinzen Ludwig und Ernst zu widmen. Dieses Angebot war für Aventin äußerst verlockend. Zum einen wusste er die Auszeichnung zu schätzen, die ihm mit dieser Position zuteilwurde. Dieses verantwortungsvolle Amt wurde nur hervorragenden

Johannes Turmair unterrichtet die Prinzen Ludwig und Ernst, die Brüder Herzog Wilhelms IV., in der Geschichte ihres Vaterlandes. – Wandbild von Max von Menz im Alten Bayerischen Nationalmuseum München.

Gelehrten anvertraut. Zum anderen gab sie ihm die willkommene Gelegenheit, seine Fähigkeiten nicht nur in der Lehre und in theoretischen Studien, sondern auch in der Praxis und im öffentlichen Leben zu beweisen. Für seine Tätigkeit bekam er ein jährliches Gehalt von 60 Gulden zugesprochen.

Mit der Anstellung waren genaue Vorstellungen über die gewünschten Studieninhalte verbunden. Im mittelalterlichen Lehrsystem hatte die »historia« als Hilfsdisziplin der Theologie und Rhetorik nur eine untergeordnete Rolle gespielt. Aventin sollte seinen beiden Schülern nun jedoch nicht nur die sieben freien Künste (Grammatik, Rhetorik, Dialektik, Arithmetik, Geometrie, Musik und Astronomie), sondern insbesondere die deutsche und bayerische Geschichte sowie die Heldentaten und großen Kriege ihres Volkes nahebringen. Dahinter verbarg sich die in den letzten Jahrzehnten in Italien entwickelte Auffassung, dass die Geschichte als »Lehrmeisterin des Lebens« für die Regierungsgeschäfte der Regenten wertvolle Entscheidungshilfen liefern könne.

Diese verantwortungsvolle Position versetzte Aventin in die Lage, die Wittelsbacher Prinzen prägend zu beeinflussen, indem er ihnen humanistisches Gedankengut vermittelte und sie für die vaterländische Geschichte und die Leistungen auf kulturellem Gebiet begeisterte. Ein Stück weit lag damit die zukünftige politische Entwicklung Bayerns mit in seiner Hand. Gleichzeitig erwarb er sich in dieser Stellung das Vertrauen und die Achtung höchster Regierungskreise am Münchner Hof.

STUDIENORT BURGHAUSEN

Fern vom Trubel des Münchner Hofes sollten sich die beiden Fürstensöhne in der Abgeschiedenheit von Burghausen ihren Studien widmen. Die ehemalige Residenzstadt war bis vor wenigen Jahren noch Schauplatz glanzvoller Hoffeste gewesen; bis 1503 diente die Burg als Zweitresidenz der in Landshut regierenden niederbayerischen Herzöge. Sie galt als die stärkste Festung im Lande. An diesem sicheren Familienwohnsitz entfalteten die Herzoginnen ihre repräsentative Hofhaltung und vollzogen die standesgemäße Kindererziehung. Die gut bewachten Räumlichkeiten wurden außerdem als Witwensitz und Aufenthaltsort für das Erbprinzenpaar genutzt. Die Reichen Herzöge von Bayern-Landshut verwahrten auf der Burg auch ihren Gold- und Silberschatz.

Die polnische Königstochter Hedwig, die Gemahlin Herzog Georgs des Reichen, lebte hier mit ihrer Familie bis zu ihrem Tod 1502. Ihre Verheiratung, die berühmte Landshuter Hochzeit im Jahr 1475, ging als das prunkvollste Fest des Mittelalters in die Geschichte ein. Da das Paar keinen legitimen männlichen Nachkommen hatte und stattdessen die Tochter als Erbin einsetzte, war es nach dem Tod ihres Mannes 1503 zum Landshuter Erbfolgekrieg gekommen. Dabei büßte Burghausen all seinen Glanz ein. 1504 wurde es durch eine Feuersbrunst größtenteils zerstört. So bedeutete die Anwesenheit der hohen Herrschaften eine gewissen Aufwertung für die Stadt, der formal nur noch verwaltungstechnische Bedeutung als Sitz eines der vier bayerischen Rentämter zukam.

Am 6. Januar 1509 traf Aventin in München ein. Nachdem alle Vorbereitungen abgeschlossen waren, reiste er mit seinen beiden fürstlichen Schülern nach Burghausen ab und kam am 15. Januar auf der Festung über der Salzach an. Das Personal der Burg beschränkte sich auf nur wenige Bedienstete: Hauptmann Conrad von Wallbrunn, Hofmeister Heinrich Muggenthaler von Sondersdorf (der spätere Hofmeister der Herzöge Ludwig und Ernst), dazu noch einige Beamte, Diener und Laufburschen. Eine Gruppe von Edelknaben begleitete zum Ansporn und zur Unterhaltung den Unterricht und die Freizeit der beiden Prinzen.

Die erhaltene Burghauser Hofordnung aus dem Jahr 1509 gibt Auskunft über die Tätigkeiten auf der Burg. Das einfache Leben, das der Lehrmeister mit seinen Schülern hier führte, sollte zur Charakterbildung beitragen. Tagesablauf und Speiseplan waren genau reglementiert: »In ir Gnaden Kammer zu Morgen ain Supp und ain viertl Weins, und 3 Brot auf ihr Kämmerling zu geben, und under Tags den Knaben Prot genug. Und derselben Iren Kämmerling zum Slaftrunk zwo Semmel, vier Brot, zwei Viertl Weins und Piers genug«, lautete beispielsweise eine Anweisung zur Verpflegung. Besonders wichtig waren der Besuch der Messe und der religiösen Andachten. Der Gelehrte notierte Versäumnisse dieser Art (»Ich habe den Rosenkranz nicht gebetet!«) während seiner Anstellung als Prinzenerzieher stets pflichtbewusst in seinen Aufzeichnungen. Als Ersatz wurde dann an anderen Tagen die Vesper oder eine andere Gebetszeit zweimal absolviert.

Aventin soll der Überlieferung zufolge damals ein Haus mit Treppengiebel im 4. Burghof gegenüber dem 1886 abgebrochenen Getreidekasten bewohnt haben. Eine dort angebrachte Inschrifttafel erinnert noch heute an seinen Aufenthalt.

Das Aventinushaus (rechts mit Treppengiebel) auf der Festung Burghausen.

Am 29. November 1509 verließen Aventin und seine zwei Zöglinge Burghausen vorerst wieder, »um sich an das herzogliche Hoflager zu begeben«. Zuvor noch hatte er sich in der Stadt einen astronomischen Kalender gekauft. Darin machte er sich in der Folgezeit viele Notizen, die eine wertvolle Quelle für seine Aktivitäten und Kontakte sind.

ERSTE FORSCHUNGSREISEN

Im Rahmen des Geschichtsunterrichts veranstaltete Aventin mit den beiden Wittelsbacher Prinzen von Burghausen aus Exkursionen zu historisch bedeutsamen Orten im näheren Umkreis der Stadt. So hatten sie bereits den einstigen Pfalzort Altötting, Kloster Mondsee und Kloster Neumarkt-St. Veit besucht.

Gleichzeitig nutzte Aventin die Gelegenheit, um Vorarbeiten für eigene historische Abhandlungen zu erledigen. Nachdem er im Mai daheim gewesen war, um die Hochzeit seiner Schwester Anna mit dem Abensberger Bürger Leinhard Schwaiger mitzufeiern, besichtigte er im selben Jahr bedeutsame Stätten im Salzburger Land. Dabei fuhr er die Salzach flussaufwärts bis nach Tittmoning, dann weiter nach St. Geor-

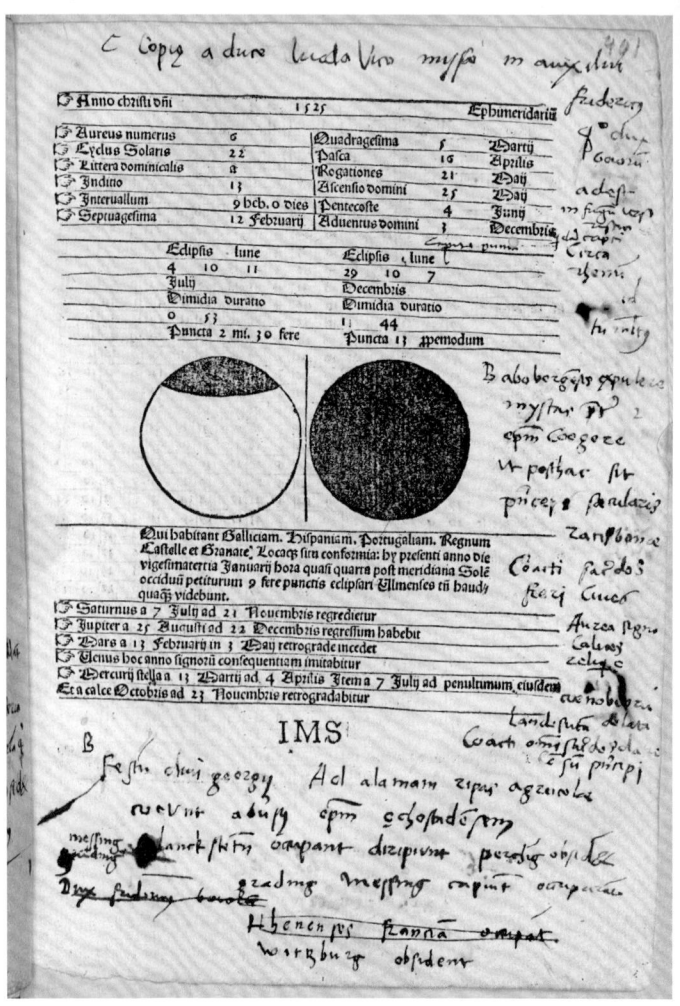

Aventins Hauskalender enthält astronomische Zeichnungen und Tabellen sowie viele handschriftliche Aufzeichnungen. In seinen Randnotizen zum Jahr 1525 hält Aventin Ereignisse aus dem Bauernkrieg fest.

Aventins Hauskalender – Das Tagebuch des Gelehrten

Der dicke, 489 Blätter umfassende und in starkes weißes Leder gebundene Band (Maße 17 x 14,5 cm) mit stabiler Lederschließe, den heute die Bayerische Staatsbibliothek München aufbewahrt, gehörte zu den modernsten astronomischen Kalendern seiner Zeit. Er wurde von den Mathematikern Johann Stöffler und Jakob Pflaume entwickelt und 1499 in Ulm gedruckt. Aventins Exemplar wurde einst im Kloster Neustift bei Freising aufbewahrt. Es kam während der Säkularisation 1803 in die Bayerische Staatsbibliothek. Erst 1880 hat man die Einträge als die Schriftzüge Aventins identifiziert. Der Kalender umfasst die Jahre 1499 bis 1531, beinhaltet sternenkundliche Informationen und Tabellen und war in erster Linie zur Untersuchung der Wechselwirkungen zwischen den Planetenstellungen und Wetterveränderungen gedacht. Für jedes Jahr sind 14 Blätter vorgesehen. Vor allem die jeweiligen Titelblätter, die nicht weiter bedruckt waren, boten Platz für anderweitige Notizen. Eine Reihe von Gelehrten benutzte diesen Kalender ebenfalls als Tagebuch, so zum Beispiel der Wiener Humanist Johannes Cuspinian, ein Lehrer Aventins, der darin auch medizinische Beobachtungen und seine Träume aufschrieb.

Johannes Aventinus erwarb das Stück 1509 in Burghausen von einem unbekannten Vorbesitzer, der ihn 1504 erstand, aber außer dem Kaufvermerk selbst nichts darin notiert hatte. Wichtige Ereignisse aus der Zeit zwischen 1499 und Dezember 1509 trug der Gelehrte anschließend aus dem Gedächtnis und anderweitigen Aufzeichnungen nach. Erste Einträge unter den Jahren 1499/1500 beziehen sich auf sein Studium in Wien. Aventin notierte in dem Kalender seine wechselnden Aufenthaltsorte, politische Ereignisse, Fortschritte seiner Arbeit, Autobiografisches, Begegnungen mit Zeitgenossen und Angaben zum Wetter. Unter dem

> 25. Dezember 1509 schrieb er eine erste Wetterbeobachtung auf; daher dürfte der Kalender ab Weihnachten 1509 in Gebrauch gewesen sein. Die letzte Eintragung stammt vom 9. Dezember 1531. Damit erstrecken sich die Aufzeichnungen (inklusive der Nachträge) auf fast zwei Drittel der Lebenszeit des Gelehrten.

gen und erreichte schließlich Laufen, wo er am 16. Juli 1510 ankam. Dort stieß er auf alte Denkmäler und römische Inschriften, auf die er später im 2. Buch seiner Chronik verwies (SW 4.2, S. 715–723). Während dieser Zeit entschloss sich der Gelehrte, in Zukunft systematisch alle römischen Inschriften, die er fand, zu vermerken. Er notierte Fundort und Fundzeit, zeichnete die Steine nach und malte alle Buchstaben und Zeichen sorgfältig ab. Das Ergebnis dieser wertvollen Sammeltätigkeit, die er kontinuierlich bis 1517 fortführte, bergen heute zwei Folianten, die in der Bayerischen Staatsbibliothek in München aufbewahrt werden und den Titel »Vetustates Romanae« tragen. Sie listen insgesamt 80 Inschriften auf, von denen etwa die Hälfte nur aus Aventins Aufzeichnungen überliefert ist oder zwischenzeitlich zerstört wurde. Der Großteil stammt aus dem südostbayerischen Raum, der zur römischen Provinz Rätien gehörte, und fand Eingang in die späteren großen Geschichtswerke des Abensbergers. Aventins Sammeltätigkeit regte auch befreundete Gelehrte, wie Konrad Peutinger und Peter Apian, an, nach antiker Epigrafik zu suchen und sie zu dokumentieren.

Am 25. November 1510 verließ der Gelehrte mit seinen Schützlingen endgültig Burghausen und wechselte an den Münchner Hof. 1511 schloss sich hier ein intensives Studienjahr mit seinen Schülern an. Daneben war Aventin mit der Ausarbeitung seines lateinischen Lehrbuches »Grammatica omnium utilissima« beschäftigt, das er noch im Februar vollendete, sowie mit weiteren Manuskripten.

Am 27. November 1511 vermerkte Aventin in seinem Hauskalender, dass ihn Matthäus Lang, der kaiserliche Schreiber, anlässlich einer Reise nach Augsburg besucht habe (SW 6,

Burghausen in einer Ansicht von Tobias Schinagl, um 1680.

S. 21). Dabei handelte es sich um den nachmaligen Salzburger Kardinal Matthäus Lang, der sein langjähriger Mäzen werden sollte. Das Jahr 1512 verbrachte Aventin anfangs mit seinen Schülern in München. Am 19. März reiste er, begleitet nur von Prinz Ernst, nach Landshut.

1512 erfolgte wiederum ein Aufenthalt des Gelehrten in Salzburg zur Erforschung und Dokumentation römischer Inschriften. In den Hauskalender schrieb Aventin auch aktuelle Ereignisse, wie die Ankunft einer venezianischen Gesandtschaft in Salzburg am 25. August 1512, die auf dem Weg nach Landshut durchreiste. Ende Oktober 1512 vermerkt er den Tod seiner Schwester Margarita, der Frau von Wolfgang Thychner, in Abensberg im Alter von 27 Jahren (SW 6, S. 25).

DER LEHRBUCHAUTOR

Da ihn das vorliegende Unterrichtsmaterial nicht zufriedenstellte, verfasste Aventin zur Erleichterung seiner Tätigkeit als Erzieher und Lehrer einige Manuskripte, die er zum Teil in Druck gab. Er widmete sich dabei nicht nur der Geschichte, sondern auch der Sprachwissenschaft, Musik, Mathematik und Geografie. Die Interessen des Gelehrten waren in dieser

Zeit breit gestreut und umfassten alle Bereiche, die dem Ideal des italienischen »uomo universale« entsprachen.

1512 schrieb der Gelehrte sein erstes historiografisches Werk, die »Annales ducum Bavariae«, das nur in zwei Handschriften erhalten ist. Es handelt sich um eine kurze Darstellung der Geschichte der bayerischen Herzöge mit eindeutig pädagogischer Zielsetzung – ein Hinweis darauf, dass sie offensichtlich als Grundlage für den Unterricht der Prinzen gedacht war. Methodisch steht sie noch ganz in der Tradition des Mittelalters. Aventin wertet darin nur die gängigen, erzählenden Quellen aus und reichert die Darstellung mit vielen Legenden an, um den Schülern Vorbilder zu liefern und die didaktische Wirkung zu verstärken. In seiner Widmung an Herzog Wilhelm IV. kündigt er jedoch bereits an, dass er die Geschichte der bayerischen Herzöge in Zukunft noch erweitern und ergänzen wolle.

Seine Erfahrungen aus dem Lateinunterricht der bayerischen Prinzen verarbeitete Aventin in einem grundlegenden Lehrbuch der lateinischen Sprache, der »Grammatica«, die speziell für deutsche Schüler gedacht war. Darin wurde erstmals mit Vergleichen, Erklärungen und Beispielen aus der deutschen Sprache gearbeitet und durch diese Methodik der Spracherwerb erheblich erleichtert. Die Erstausgabe 1512 war bald vergriffen. Sechs weitere Auflagen erschienen in rascher Folge. Nach einer gründlichen Überarbeitung gab Aventin das Werk 1517 unter dem neuen Titel »Rudimenta grammaticae« heraus und erntete damit wiederum große Anerkennung. Auf herzogliche Empfehlung hin wurde sein lateinisches Lehrbuch im Studium an der Landesuniversität Ingolstadt eingeführt und jahrzehntelang verwendet. Es fand in ganz Deutschland Absatz und war später auch in vielen Klosterbibliotheken zu finden. Mit diesem Buch feierte Aventin zu Lebzeiten seinen größten Erfolg.

Als Anhang zu dem Lateinbuch veröffentlichte Aventin 1517 eine systematische Darstellung der Wissenschaften, die er »Encyclopedia« nannte. Bei dem Titel handelte es sich um eine Wortschöpfung italienischer Humanistenkreise, die Aventin auf diese Weise in Deutschland bekannt machte. Das Nachschlagewerk war in erster Linie dazu gedacht, Prinz Ernst und in der Folge auch anderen Studenten die Orientierung während des Studiums zu erleichtern. In seiner Widmung stellt Johannes Aventinus seinem Schützling den weltberühmten griechischen Feldherrn Alexander den Großen als leuchtendes Vorbild für einen umfassend gebildeten Fürsten vor Augen (vgl. SW 1, S. 551f, S. 584).

Das Leben am Herzogshof war geprägt von Zeremonien, Festessen, Messen und Feierlichkeiten aller Art. Die Musik spielte bei all diesen Veranstaltungen eine große Rolle. Aventin trug diesem Umstand Rechnung, indem er für den Musikunterricht der Prinzen ein neues Lehrbuch entwickelte. Die »Musicae rudimenta« erschien 1516 in Augsburg im Druck. Sie beinhaltet eine Textsammlung zur Musiktheorie von der Antike bis in Aventins Gegenwart auf der Basis der 1503 erstmals gedruckten »Margarita philosophica« von Gregor Reisch, die der Lehrer mit Schriften von Aristoteles, Boethius und anderen Theoretikern erweiterte. Im Gegensatz zu Reisch gab Aventin in diesem Werk seinen Schülern wieder eine willkommene Hilfestellung durch die Übersetzung schwieriger lateinischer Fachbegriffe ins Deutsche.

Den »Abacus«, ein Lehrbuch zur Mathematik, ließ Aventin zwar erst 1532 in Regensburg drucken, doch fußt sein Inhalt ebenfalls auf den Erkenntnissen aus der Erziehungsarbeit, die er am Hof der Wittelsbacher leistete. Zur leichteren Aneignung der rechnerischen Fähigkeiten schlägt der Gelehrte unter anderem darin vor, die Finger zu Hilfe zu nehmen. Durch die Holzschnitte, die von Michael Ostendorfer stammen, erhielt das Buch hohen künstlerischen Wert.

BRUDERZWIST
Herzog Wilhelm IV. hatte zu seinem 18. Geburtstag am 13. November 1511 die Amtsgeschäfte übernommen. Zur Unterstützung wählte er sich als führenden Berater Leonhard von Eck, den Sohn des herzoglichen Pflegers von Kelheim, der seit seiner Jugend mit Johannes Aventinus befreundet war.

Das Jahr 1513 verbrachte der Erzieher mit Prinz Ludwig in der niederbayerischen Residenzstadt Landshut. Als dieser am 21. September seine Volljährigkeit erreicht hatte, erhob er Ansprüche auf die Mitregierung mit der Begründung, dass er vor dem Primogeniturgesetz geboren worden war. Unterstützung erhielt er darin von seiner Mutter Kunigunde, der Habsburger Kaisertocher, die stolz verkündete, sie wolle keine Mutter von Grafen sein. Auf dem Münchner Landtag Anfang 1514 machte Ludwig seine Forderungen publik. Herzog Wilhelm IV. stimmte erst zu, zog seine Einwilligung dann aber wieder zurück. Beide Brüder begannen, sich zum Kampf zu rüsteten. Ein erneuter Erbfolgekrieg drohte. Kaiser Maximilian I. erließ daraufhin am 29. September 1514 einen Schiedsspruch, wonach Ludwig den Titel eines Herzogs und ein Viertel des Territoriums Bayerns erhalten sollte. Die Brüder fanden jedoch eine für sie passendere Machtaufteilung, die in der Folgezeit auch ohne größere Konflikte funktionierte: Herzog Wilhelm IV. regierte in Zukunft weiterhin von München aus die Rentämter München und Burghausen, Herzog Ludwig X. von Landshut aus die Verwaltungsbezirke Landshut und Straubing. Als Ludwig 1545 ohne Rechtsnachfolger starb, sollte Wilhelm dann wieder die Alleinherrschaft über Bayern zufallen.

Herzog Ludwig X. von Bayern – Der Landshuter Renaissancefürst

Ludwig X. war der letzte Wittelsbacher Herzog, der dauerhaft in Landshut residierte (von 1514 bis zu seinem Tod 1545). Als Schüler Aventins entwickelte er ein besonderes Interesse für Kunst, Kultur und die Wissenschaften. Er ließ seinen Regierungssitz, die Landshuter Burg, prachtvoll ausbauen und förderte zahlreiche Künstler und Gelehrte. Darunter befanden sich so wegweisende Persönlichkeiten wie der spätgotische Bildhauer Hans Leinberger, der eine Reihe von Werken in seinem Auftrag anfertigte, oder der Mathematiker Peter Apian, dessen wichtigstes Werk »Cosmographicus liber«, eine bahnbrechende Arbeit über die Navigationskunde, 1524 in Landshut erschien und danach 30 Auflagen erlebte. Nach einem Besuch Federico II. Gonzagas in dessen Palazzo del Te in Mantua ließ Ludwig nach diesem Vorbild ab 1536 durch italienische Baumeister seine neue Stadtresidenz in einem damals für Bayern ultramodernen Stil errichten. Als erster Renaissancepalast nördlich der Alpen kommt ihm große kunsthistorische Bedeutung zu. Das Bildprogramm der Kassettendecke im italienischen Saal, das der Maler Hans Bocksberger d. Ä. ausführte, ist der Gelehrsamkeit des Humanismus gewidmet. Herzog Ludwig X. fand seine letzte Ruhestätte im Landshuter Kloster Seligenthal.

DIE KAVALIERSTOUR

Das Jahr 1514 verbrachten Aventin und Prinz Ernst mit Studien in München. In dieser Zeit stand Aventin in Korrespondenz mit dem sächsischen Hof. Kurfürst Friedrich der Weise zeigte Interesse an den Inhalten des Geschichtsunterrichts, den der Gelehrte den Prinzen erteilte. In Dresden bekleidete der Theologe und spätere Reformer Georg Spalatin ein vergleichbares Amt als Erzieher des späteren Kurfürsten Johann Friedrich.

Von August bis November 1515 unternahm Aventin mit seinem Schützling eine Studienreise nach Italien. Sie folgten dabei dem Trend zur »Kavalierstour«, die sich gut bemittelte Adelige unter dem Einfluss des Humanismus zunehmend leisteten, um ihren geistigen Horizont zu erweitern. Ab Mitte des 16. Jahrhunderts wurde dieser Auslandsaufenthalt dann zum festen Bestandteil des adeligen Bildungswegs. Das Erlebnis fremder Länder, Sprachen und Sitten sollte die Welt- und Menschenkenntnis, die Urteilskraft und das selbstbewusste, gewandte Auftreten fördern. Als Ziel wählten die Abkömmlinge der höheren Stände aus Süddeutschland und Österreich vor allem Italien, aber auch die westeuropäischen Staaten lagen im Bereich des Interesses.

Der Abensberger Gelehrte und Prinz Ernst absolvierten ihre Tour zu Pferde. Am 9. Juli 1515 erreichten sie Starnberg, tags darauf Andechs, ritten über Polling, Raitenbuch und

Steingaden nach Füssen, dann weiter nach Lermoos in Tirol, über den Fernpass nach Landeck im Oberinntal bis Imst am Rand der Lechtaler Alpen, wo sie am 21. Juli ankamen. In Oberitalien tobte bereits der Krieg. Der französische König Franz I. befand sich im Kampf um das Herzogtum Mailand; deswegen hatten die beiden Reisenden hier nur eingeschränkte Bewegungsfreiheit.

In Pavia hörten sie Vorlesungen des berühmten Juristen Jason Mainus. Aventin versuchte, den Aufenthalt in Italien für seinen Schüler so interessant wie möglich zu gestalten. Es war ihm selbst daran gelegen, die Reise zu nützen, um auch bekannte italienische Humanisten, deren Schriften er zum Teil bereits gelesen hatte, persönlich kennen zu lernen. Sie ritten bis nach Rom und besichtigten dort die Überreste der Antike. Der Anblick dieser bedeutenden historischen Monumente war ein besonderer Höhepunkt ihrer Reise und schärfte ihren Blick für die Altertümer, für Inschriftensteine, Bodendenkmäler und alte Münzen. Der Gelehrte legte sich dann anschließend zu Hause selbst eine Münzsammlung an und ergänzte die eigenen Funde und die Geschenke, die ihm die Bauern von ihren Äckern brachten, durch Zukäufe. Bis einschließlich Oktober waren Aventin und Prinz Ernst auf ihrer Studienreise durch Italien unterwegs.

PRIVATDOZENT IN INGOLSTADT
Als Prinz Ernst Ende November 1515 in Ingolstadt sein Studium begann, wechselte Aventin mit ihm an die Universität. Schon zuvor hatte er als »herzoglicher Rat« einer Kommission um Leonhard von Eck angehört, die im Auftrag von Herzog Wilhelm IV. mit der Reform der »Hohen Schule« beschäftigt war, und in dieser Mission 1512 und 1515 die Universität inspizierte. Nun bestand seine Aufgabe darin, die Studien des jungen Prinzen zu überwachen und zu unterstützen. Dabei blieb ihm noch genug Zeit, um selbst Vorlesungen über philologische Themen zu halten.

Prinz Ernst entpuppte sich dank Aventins langjähriger Unterweisung als hervorragend gebildeter Student; vor allem der souveräne Umgang mit der lateinischen Sprache und seine Kenntnisse in den Rechtswissenschaften, Mathematik und Naturwissenschaften wurden von anderen Gelehrten mit Hochachtung registriert. Im Hinblick auf seine Bestimmtheit zum geistlichen Stand hatte der Abensberger Gelehrte aber auch viel Mühe darauf verwendet, den Knaben zu echter Frömmigkeit zu erziehen. Er hatte täglich mit ihm gebetet, die Messe besucht, die Fastentage eingehalten, besonders die Marienverehrung in den Mittelpunkt gestellt und mit ihm viele geistliche Schriften gelesen.

Prinz Ernst wurde im Alter von nur 16 Jahren zum Rektor der Universität gewählt. In seiner Antrittsrede am 23. Oktober 1516 zollte er seinem Lehrer großen Respekt. Besonders hob er die von Aventin verfasste lateinische Grammatik hervor, die er als die beste und leichteste Methode pries, um sich diese Sprache anzueignen.

DER GELEHRTENCLUB

Unter dem Protektorat von Prinz Ernst gründete Aventin 1516 in Ingolstadt die »Sodalitas litteraria Angilostadensis«. Zur Einrichtung dieser Gelehrtengesellschaft hatten ihn gleichartige Aktivitäten von Konrad Celtis in Wien angeregt. Ihr großes Ziel war die Schaffung einer bayerischen Variante der berühmten Florentiner Akademie des Humanisten und Philosophen Marsilio Ficino. Der Bund sollte nicht zuletzt namhafte Wissenschaftler Ingolstadts in engen Kontakt zueinander bringen, damit sie sich in ihrer Arbeit gegenseitig unterstützten. Unter den etwa ein Dutzend Mitgliedern befanden sich Melchior Soiter, der Kanzler Pfalzgraf Friedrichs II., der spätere Reformator Urbanus Rhegius und dessen Schüler Augustin Merbold, Matthias Krätz, Wolfgang Hunger, Johann Schröttinger sowie der damalige Ingolstädter Professor der Rechte und Dichtkunst Georg Spies (auch Behaim oder Cuspinius genannt).

Wichtigste Aufgabe der Gesellschaft war die Veröffentlichung neu entdeckter Quellenschriften. Dieses Vorhaben sollte sich jedoch in einer einzigen Publikation erschöpfen. Es handelte sich um eine Lebensbeschreibung Kaiser Heinrichs IV. (1015–1106). Die Grundlage dafür bildete die Handschrift eines unbekannten Autors, die in Form einer leidenschaftlichen Totenklage kurz nach dem Ableben des Regenten verfasst worden war. Aventin hatte dieses Manuskript 1515 in der Bibliothek des Klosters St. Emmeram in Regensburg entdeckt. Unter dem Titel »Vita Heinrici IV. Imperatoris« wurde sie 1518 in Augsburg veröffentlicht und damit der gelehrten Welt zugänglich gemacht. Johannes Aventinus stellte der Biografie ein Dankschreiben an Abt Ambrosius, Prior Dionysius und Pfarrer Ulrich Preu von St. Emmeram voraus. Der Lebensbeschreibung waren außerdem acht Briefe des Kaisers, eine Würdigung des vormaligen Abtes Erasmus Münzer von Aventin, Schreiben Aventins an Kurfürst Friedrich von Sachsen und seinen Freund Leonhard von Eck sowie Gedichte der Mitglieder der Ingolstädter Gesellschaft beigegeben.

Prinz Ernst schloss am 3. Februar 1517 seine Studien in Ingolstadt ab und verließ daraufhin die Stadt. Dem 17-Jährigen war durch Vermittlung seiner Brüder das Amt des bischöflichen Koadjutors in der Diözese Passau zugefallen. Auch der Abensberger Gelehrte hatte damit seine vorgegebene Aufgabe erfüllt. Nach Aventin übernahm Johann Schröttinger den Vorsitz der Gelehrtengesellschaft. Sie sollte jedoch nur noch wenige Jahre bestehen – nach 1520 gibt es keine Nachrichten mehr von ihr.

Nichtsdestoweniger darf man sie als Keimzelle der Akademie der Wissenschaften betrachten, die zweieinhalb Jahrhunderte später gegründet wurde.

Herzog Ernst von Bayern
Der jüngste Sohn Herzog Albrechts IV. und seiner Gemahlin, der Kaisertochter Kunigunde, war neun Jahre lang Schüler Aventins und galt selbst in Gelehrtenkreisen als hochgebildet. Wie sein Bruder Ludwig wurde er zu einem besonderen Förderer der Wissenschaft und Kunst. Er erhob ebenso Ansprüche auf die Mitregentschaft im Herzogtum Bayern und erhielt nach seinem Erbverzicht 1536 eine großzügige Abfindung.

Obwohl er keine Priesterweihe empfangen hatte, wurde er nach dem Tod Bischof Fröschls 1517 zum Administrator des Fürstbistums Passau bestellt. Unter ihm wurde die Stadt zu einem bedeutenden Zentrum des Humanismus in Bayern. Gegenüber den protestantischen Strömungen vertrat er anfangs eine eher milde Haltung, die wohl dem Einfluss Aventins geschuldet ist. Erst auf nachdrücklichen Wunsch seiner Brüder hin ging er gegen die Anhänger Luthers und die Täufer vor.

Nach dem Tod des Salzburger Kardinals Matthäus Lang von Wellenburg wurde Ernst 1540 zum Administrator des Erzbistums gewählt, nachdem er seinen Posten in Passau aufgegeben hatte. Die Berufung war jedoch mit der Auflage verbunden, sich innerhalb von zehn Jahren der Priesterweihe zu unterziehen. Da er sich dazu nicht entschließen konnte, trat er 1554 von diesem Amt zurück. Anschließend lebte er in seiner 1549 erworbenen und seitdem durch Zukäufe ständig erweiterten Grafschaft Glatz in Böhmen. Sein Sohn Eustach von Landfried wurde 1550 von Papst Julius III. als adeliger Nachkomme legitimiert.

Ernst von Bayern verfolgte zeitlebens auch ausgeprägte wirtschaftliche Interessen. Er war als Unternehmer an böhmischen und alpinen Bergwerken, dem Handel mit Edelmetallen und Münzen sowie im Vieh- und Getreidehandel beteiligt und hatte enge Geschäftsbeziehungen nach Antwerpen, Leipzig, Prag, Wien und mit den süddeutschen Handelsstädten. Als Administrator ordnete er die Landesfinanzen und reformierte die Verwaltung. In seine Grafschaft Glatz holte er sich qualifizierte Beamte, baute die Schlossanlage aus und widmete sich der Münzprägung. Hier engagierte er sich auch für die Gegenreformation. Nach seinem Tod 1560 wurde sein Leichnam nach München überführt und in der Wittelsbacher Gruft der Frauenkirche beigesetzt. Die Grafschaft Glatz erbte sein Neffe Herzog Albrecht V.; ebenso die reichhaltige, von den vielfältigen Interessen ihres Besitzers zeugende Büchersammlung. Sie wurde zu einem wertvollen Bestandteil der 1558 eingerichteten Hofbibliothek der Wittelsbacher in München.

4 Erster offizieller Hofhistoriograf (ab 1517)

Das Jahr 1517 brachte einen entscheidenden Einschnitt im Leben von Johannes Aventinus. Mit dem Studienabschluss von Prinz Ernst endete seine 1509 aufgenommene Tätigkeit als Erzieher der Herzogssöhne. Aufgrund seiner Leistungen und Verdienste hätte er zu dieser Zeit sicher die Möglichkeit gehabt, anschließend an der Hochschule eine ordentliche Professur zu übernehmen. Er soll jedoch bei der Quittierung seines Amts gegenüber seinen ehemaligen Schülern den Wunsch geäußert haben, sich künftig ausschließlich der Erforschung der Geschichte Bayerns widmen zu dürfen. Wohl auf eigene Anregung hin wurde er deshalb von den bayerischen Herzögen Wilhelm IV. (1493–1550) und Ludwig X. (1495–1545) nun zum ersten bayerischen Historiografen ernannt. Eine Urkunde vom 8. März, die Ludwig unterzeichnete, und ein Schriftstück, datiert am Sonntag nach Allerheiligen 1517, das beide Herzöge signierten, fixiert diese Berufung und den Auftrag, eine Geschichte des Wittelsbacher Fürstenhauses und ihres Herrschaftsgebietes zu schreiben.

Diese offiziellen Diplome waren gleichzeitig dazu geeignet, Aventin als Empfehlungsschreiben zu dienen. Denn die Regenten äußerten darin nachdrücklich den Wunsch, man möge dem Gelehrten alle Archive und Bibliotheken öffnen, damit er die Quellen für sein Geschichtswerk zusammentragen könne: »... Nachdem der hochgeborn furst unser frewndlicher lieber Bruder Herzog Wilhelm und wir / dem Ersamen wolgelerten unnserm und unnsers lieben Bruders Herzog Ernsts Lermaysters Johann Aventino unnserm Historiographo / und lerer der Syben freyen kunst / befolhen haben Die alten monument, antiquitet und anzaygen / allenthalben bey den Clöstern unnsers Furstenthumbs zu erfahren / zu besichtigen / und zu beschreiben. Des halben er sich hiermit zu euch verfugt. Ist hierauff von vormelts unnsers lieben bruders und unnsern wegen an euch unnser guetlich bit und genedig beger / Ime zu voziehung und aufsrichtung solchs unnsers bevelchs / zugestaten / in euorn Libereien / brieven und anderm / nach solichen antiquiteten / monumenten und alten anzaygungen zu suechen und zusehen. Und jme deshalben guten willen und furderung mit zetayln und zubeweysen. Des wollen wir uns zu euch gentzlich verlassen / und in sondern gnaden gegen euch erkennen. Datum München Am Sonntag Reminiscere in der vasten. Im funffzehenhundert / und Sybenzehenden Jahre ....«

Aventin, der ja schon seit vielen Jahren den Plan für eine umfassende Darstellung der bayerischen Geschichte verfolgt hatte und bei seinen früheren Besuchen der Klöster und Stifte nicht immer wohlwollend aufgenommen worden war, hatte diese Anweisung von höchster Stelle vermutlich selbst angeregt. Sein Jahresgehalt für diese neue Position betrug weiterhin 60 Gulden, wurde 1524 auf 100 Gulden erhöht und als eine Art Leibrente bis zu seinem Tod bezahlt.

DIE BEDEUTUNG DES NEUEN AMTES

Das Amt des Hofhistoriografen hatte es in Bayern bislang nicht gegeben. In Wien besetzte Johannes Stabius, ein umfassend gebildeter Natur- und Geisteswissenschaftler, eine vergleichbare Position. Er stand seit 1503 im Dienste König Maximilians I., beriet ihn in wissenschaftlichen Fragen und arbeitete zusammen mit Konrad Celtis und weiteren Humanisten an habsburgischen Geschichtswerken. In Dresden wirkte Georg Spalatin ebenso wie Aventin zunächst ab 1508 als Erzieher des späteren Kurfürsten Johann Friedrich, sammelte römische Quellen und veröffentlichte bereits 1510 eine »Chronik der Sachsen und Thüringer«, bevor er dann ab 1512 für Friedrich den Weisen die Universitätsbibliothek in Schloss Wittenberg verwaltete und einer der wichtigsten Berater des Kurfürsten wurde. Zuvor schon waren an einer Reihe italienischer Renaissancehöfe amtliche Geschichtsschreiber tätig. Seitdem hatte die wissenschaftliche Beschäftigung mit der Vergangenheit an politischer und moralischer Bedeutung gewonnen. Ihre Erkenntnisse lieferten den Regenten Hilfestellungen für die Gestaltung des öffentlichen und privaten Lebens.

Das sext Stuck: Wia er im ganzn Baiernland 1517 bei de Klöster in alte Büacher rumschnufelt wo na sei Nasn anstatn Schmei sched an Dreck derwischt hot (»Das Leben Aventins«, Blatt 6).

Am Münchner Hof war Johannes Aventinus der erste Inhaber dieses Amtes. Die vor ihm tätigen Verfasser von Landeschroniken hatten oft aus rein privatem Antrieb gearbeitet und dabei höchstens wohlwollende Unterstützung durch ihren Landesherrn erfahren. Während Aventins Tätigkeit als Prinzenerzieher hatten die Herzöge nun jahrelang Gelegenheit gehabt, sich mit humanistischem Gedankengut auseinanderzusetzen und den Abensberger Gelehrten und seine Arbeit kennen und schätzen zu lernen. Das neue Amt schien wie für ihn geschaffen. Es war ganz auf seine Persönlichkeit hin ausgerichtet und sollte wohl auch bewusst dazu dienen, dass er seine bisherige Forschungsarbeit mit Hilfe der finanziellen Absicherung durch ein fürstliches Salär in Ruhe weiterführen konnte. Aventin vermerkt dazu in seiner Vorrede zur »Baierischen Chronik«: »Solch groß arbait, so niemant von im selbs on hilf fürstlicher obrikeit vermag, mueß ir zeit und weil haben, wil nit mit ungewaschner henden angetascht und überrumpelt sein.« (SW IV, S. 6)

Der Gelehrte nützte diese einmalige Gelegenheit, um auf seinen Touren quer durch Bayern einen archivalischen Schatz unvergleichlichen Ausmaßes zu sammeln. Noch nie zuvor hatte jemand auf so breiter Front systematisch Quellenforschung zur bayerischen Geschichte betrieben wie er. In dieser Hinsicht gab es nach Aventin jahrhundertelang keine vergleichbaren Nachfolger. Durch die Fülle an Schriftstücken und Monumenten, die er innerhalb kürzester Zeit ans Tageslicht zog und auswertete, vermehrte sich das Wissen um die Geschichte Bayerns schlagartig um eine nie mehr erreichte Größe. Er war sich selbst bewusst, welch immensen Wert seine Arbeit darstellte, die er im Rahmen dieses Amts leistete, und äußerte sich in diesem Sinne in einem Brief an Leonhard von Eck (SW 1, S. 638–640).

Doch barg diese Amtsübernahme auch einen unlösbaren Widerspruch in sich: Erst die herzogliche Bestallung erlaubte es Aventin, das Ideal des humanistischen Gelehrten umzusetzen und frei von Zwängen nach Herzenslust zu forschen – im Gegenzug beanspruchten seine Geldgeber jedoch alle Rechte an seinem Werk. Als Intellektueller, dem die Unabhängigkeit im Denken höchstes Ziel war, musste er unweigerlich in Konflikt mit seinen Auftraggebern kommen. Seine kritischen Stellungnahmen, die den Herzögen nicht ins Konzept passten, sollten in der Folgezeit unter Verschluss gehalten oder nur zensiert veröffentlicht werden. Man schreckte sogar vor einer Gefangennahme des Gelehrten nicht zurück. Dies sollte Aventin später noch schmerzlich erfahren.

»AD FONTES!« – PIONIER DER QUELLENFORSCHUNG

Am Anfang der Ausführung des herzoglichen Großauftrags stand für Aventin die systematische Quellensuche in ganz Bayern. Ihm genügte es nicht, nur ältere Landeschroniken heranzuziehen, sie nach neuen Gesichtspunkten auszuwerten und durch vereinzelte Archivalien sporadisch zu ergänzen, wie es viele seiner Vorgänger getan hatten. Er war davon überzeugt, dass der Historiker möglichst lückenlos nach allen verfügbaren echten Quellen (»puri historiae fontes«) nachforschen muss. Deren Aufspüren, Sammeln und kritische Auswertung bildete für ihn die notwendige Grundlage einer geschichtlichen Darstellung. Derart ausgedehnte Archivreisen, wie sie Aventin in den Jahren 1518/19 vollzog, um in Bayern flächendeckend Geschichtsquellen zu ermitteln, hatte noch keiner vor ihm durchgeführt.

Als strenger Methodiker machte er sich planvoll an das Abarbeiten seines riesigen Forschungsgebietes. Aventin wählte seine Heimatstadt Abensberg zum Ausgangspunkt seiner Reisen. Als Fortbewegungs- und Transportmittel diente ihm das Pferd. Alle benötigten Utensilien mussten daher in den Satteltaschen untergebracht werden. Ein Diener, der ihm auch als Schreiber zur Hand ging, begleitete ihn. Bei jedem Wetter waren sie unterwegs. Dabei konnte er auf seine anfällige Gesundheit, die bereits während seiner Zeit als Prinzenerzieher bei Hofe bekannt war, keine Rücksicht nehmen. Von seiner Heimatstadt aus besuchte er im Laufe der nächsten beiden Jahre rund 90 Städte, Dörfer, Burgen, Klöster und Schlösser, um Monumente und Archivalien zu sichten sowie Abschriften und Auszüge anzufertigen.

In der »Baierischen Chronik« macht er detaillierte Angaben zu Umfang und Art seiner Arbeitsweise: »... Demnach hab ich mir der weil genommen, nichts destminder nach meinem ganzen vermügen gearbait, tag und nacht kain rûe gehabt, vil hitz und kelten, schwaiß und staub, regen und schnê winter und sumer erlitten, das ganz Baierland durchritten, alle stift und clöster durchfaren, pueckamer (= Buchkammern), kästen fleissig durchsuecht, allerlai handschriften, alte freihait, übergab (= Freiheits- und Übergabebriefe), briefe, chronica, reimen, sprüch, lieder, abenteuer, gesang, petpüecher, messpüecher, salpüecher, kalender, totenzedel, register der heiligen leben, durchlesen und abgeschriben: heiligtum, monstranzen, seulen, pildnus, creutz, alt stain, alt münz, greber, gemêl, gewelb, estrich, kirchen, überschrift besuecht und besicht: geistlich weltlich recht, lateinisch teutsche kriechische windische ungarische wälhische französische dennische englische geschicht überlesen und durchfragt, nichts zue solcher sach tauglich underwegen und unersuecht gelassen, allerlai alter geschichtzeugnus und anzaigen durchstrütt, al winkel durchschloffen und durchsuecht; wo gewisse anzaigen, wie ietzt gemelt, nit vorhanden gewesen, der sag des gemainen mans und gemainem rüech nachgevolgt, doch davon geschiden dasjenig, so mêr ungrüntlichen torhaiten gedichten, märlein dan gegründter wârheit gemeß war.« (SW 4.1, S. 6f)

In dieser methodischen Vorbemerkung wird deutlich, dass sich Aventins Arbeitsansatz grundlegend von dem mittelalterlicher Geschichtsschreiber unterschied. Im Geiste des Humanismus ließ er für seine Darstellung der Geschichte nur die Aussagen der Quellen gelten; allein die genaue Erforschung der Tatsachen diente ihm als Basis. Durch die Ermittlung möglichst vieler Quellen lenkte er den Blick auf Bereiche, die bislang von Historienschreibern nicht herangezogen wurden. Alte Inschriften, Urkunden, Bücher, aber auch Denkmäler und Münzen waren dabei sein Material, das er erst einmal sammeln musste. Dabei gewichtet er die einzelnen Quellengattungen unterschiedlich. An erster Stelle nennt er die Dokumente (Urkunden, Akten etc.), an zweiter die Sachquellen (z. B. Inschriften, Münzen) und erst zuletzt werden die erzählenden Schriften (Annalen) berücksichtigt, die bei seinen Zeitgenossen üblicherweise noch im Vordergrund standen. Die kritische Auswertung der vor Ort zusammengetragenen Informationen erfolgte anschließend in Abensberg.

»... DAS GANZ BAIERLAND DURCHRITTEN ...«

Ab 9. März 1517 entfaltete der bayerische Hofhistoriograf seine umfangreiche Forschungsarbeit. In seinem Hauskalender sind in rascher Folge die Stationen seiner Reisen notiert (SW I, S. 674–676). Im ersten Jahr besuchte er, aufgeteilt in drei Routen, die Klöster Niederbayerns, des östlichen Oberbayerns und die Region am unteren Inn. Doch gleich sein erster Aufenthalt

Bayerische Geschichtsschreibung im Mittelalter

Nach dem Übergang vom Stammesherzogtum zum Territorialstaat 1180 erwachte in Bayern das Interesse an der Vergangenheit. Abt Konrad von Scheyern beschwor in seiner Chronik um 1210 die ruhmreiche Gründung seiner Abtei als Hauskloster der Wittelsbacher. Diese kombinierte Kloster- und Herrschergeschichte, die auch die Legende des Heiligen Kreuzes von Scheyern mit einschloss, war durch eine religiöse Grundhaltung bestimmt. Ihr Hauptziel bestand darin, das Wirken Gottes in den vergangenen Epochen zu erfassen und das zeitlos Gültige, Exemplarische und Vorbildliche herauszustellen. Die Historie diente der Belehrung und Unterhaltung. Zufällige Nachrichten und alte Berichte wurden dabei ungeprüft übernommen.

Teilaspekte einer bayerischen Landeschronik finden sich bereits in den Schriften von Abt Hermann von Niederaltaich (Amtszeit 1242–1273). Er wollte mit seinem Werk seiner Verehrung für die Wittelsbacher Ausdruck verleihen, die 1242 die Vogtei übernommen und damit das Kloster 1242 von der Ausbeutung durch die Grafen von Bogen befreit hatten. Der erste Autor, der auch Geschichtsquellen für seine Darstellungen heranzog, war der Augustinerchorherr Andreas von Regensburg. Sie erschöpften sich jedoch in der Aneinanderreihung ausgesuchter Zitate. Er wandte bereits Grundprinzipien einer historischen Quellenkritik an, die dann von Aventin und dessen Nachfolgern weiterentwickelt wurden. Seine 1425 verfasste »Chronik von den Herzögen des Bayernlandes« ist die erste zusammenhängende bayerische Landesgeschichte von den Anfängen bis zur Gegenwart des Autors. In Latein verfasst, hat er sie anschließend selbst auch ins Deutsche übertragen. Sie diente als Vorbild für weitere Landeschroniken, wie die des Ritters Hans Ebran von Wildenberg oder das eher dichterisch abgefasste Werk des Malerpoeten Ulrich Fuetrer, die beide im Zeitraum um 1480/1490 abgeschlossen wurden. Der bedeutendste bayerische Chronist vor Aventin war der Weltpriester Veit Arnpeck (* um 1435 in Freising; † Ende 1495 in Landshut). In seiner »Chronica Baioariorum«, die er 1493 auch in deutscher Sprache herausbrachte, fasste er die Arbeiten seiner Vorgänger zusammen und führte sie bis um 1490 weiter. Er versuchte als Erster, die bayerische Geschichte in Abschnitte zu gliedern, und legte die bislang umfangreichste Quellensammlung an. Im Gegensatz zu Aventin übernahm er die Fakten jedoch ohne kritische Sichtung ihres Wahrheitsgehalts. Ein Werk, das sich ganz auf den Landshuter Erbfolgekrieg und die Städte Passau und Landshut konzentrierte, aber durch eine präzise Wiedergabe sorgfältig gesammelter Nachrichten besticht, leistete Abt Angelus Rumpler in Vornbach am Inn. Seine »Gestarum in Bavaria libri sex« erschienen zwischen 1504 und 1506.

in Kloster Indersdorf war nicht gerade ermutigend, da man ihn hier trotz seines fürstlichen Empfehlungsschreibens mehr behinderte als unterstützte. In der Benediktinerabtei Scheyern, wo er sich anschließend vom 13. bis 24. März aufhielt, fand er dagegen so viele wichtige Archivalien, dass er sie separat herausgeben wollte (vgl. Kap. 5).

Nachdem er die Osterfeiertage in Abensberg verbracht hatte, brach er am 16. Juni zur nächsten Etappe auf. Nach einem Aufenthalt in Regensburg erreichte er Straubing, reiste am 30. Juni nach Oberalteich, am 1. Juli weiter nach Windberg, wo er vier Tage blieb. Über Bogen und Metten kam er am 7. Juli nach Niederaltaich. Dort hatte er so viele Archivalien zu sichten, dass er bis Ende des Monats beschäftigt war. Er stieß unter anderem auf die jahrhundertealten Jahrbücher der Abtei, in denen die Mönche sorgfältig alle Ereignisse aufgeschrieben hatten, sowie auf die geschichtlichen Aufzeichnungen des Abtes Hermann und seiner Nachfolger. Er war so glücklich über diese Funde, dass er seinen Freunden in Ingolstadt überschwänglich darüber berichtete: »... Ich kann es ja nicht sagen, mit welchen Tränen der Freude, mit welch innerem Jubel mich diese besten Autoren erfüllt haben, die ich nun vor den Würmern gerettet habe.«

Am 31. Juli erreichte Aventin Osterhofen. Tags darauf besuchte er das Zisterzienserkloster Aldersbach. Seit 1514 stand es unter der Leitung des gelehrten Abtes Wolfgang Marius, der sein Kloster trotz der unruhigen Zeiten mit viel Geschick zu neuer wirtschaftlicher und geistiger Blüte führte. Dieser hatte selbst schon viel Material zu einer eigenen Klostergeschichte und anderen historischen Werken gesammelt und dabei auch quellenkritische Arbeit geleistet. Zwei Tage lang tauschte sich Aventin mit ihm über wissenschaftliche Fragen aus, dann ritt er am 3. August weiter nach Passau. Sein ehemaliger fürstlicher Schüler, Herzog Ernst, ermöglichte ihm in den drei Wochen seines Aufenthalts den Zugang zu allen wichtigen Archiven und jede erdenkliche Unterstützung. Danach folgten auf Aventins Reiseroute die Innklöster: Vornbach, Suben, Reichersberg, Ranshofen, St. Salvator, Aspach, Fürstenzell und Mattsee. In Vornbach würdigte er die Werke des 1513 verstorbenen Abtes Angelus Rumpler, der als Humanist und Geschichtsschreiber eine Reihe von Quellen für die Nachwelt überliefert hatte. In Reichersberg stieß er auf die sprachgewandten Aufzeichnungen von Propst Gerloh aus dem 13. Jahrhundert. Im Kloster Ranshofen sammelte er unter anderem Nachrichten über die Karolingerzeit, die er in einer eigenen Schrift wenig später publizierte (vgl. Kap. 5). In Mattighofen blieb der Gelehrte ab 31. August drei Wochen lang und zog erst am 21. September über Raitenhaslach nach Altötting weiter. Schon während seiner Zeit als Erzieher der Wittelsbacher Prinzen in Burghausen hatte er sich mit der Geschichte dieses Ortes intensiv beschäftigt und zahlreiche Urkunden und andere Schriftstücke, die teils noch aus dem 9. Jahrhundert stammten, kopiert. Auch dazu entstand ein eigenes Buch, die »Historia Otingae« (vgl. Kap. 5). Am 27. September machte er sich über Neumarkt-Sankt Veit, Aldersbach, Niederaltaich, Oberaltaich und Regensburg, wo er noch eine Woche in den Archiven und Bibliotheken verbrachte, auf die Heimreise.

Seine Forschungsreisen waren von schwankendem Erfolg begleitet. Sie bedeuteten für Aventin ein Wechselbad der Gefühle. Immer wieder brachte er in seinen Briefen und Aufzeichnungen seine Begeisterung über besonders interessante Entdeckungen zum Ausdruck: »Zue Regensburg in s. Haimerans closter hab ich gefunden guet alt lateinisch vers, darin etlicher der alten teutschen künig und helden tat beschriben werden ...«

Sein Freund, der St. Emmeramer Abt Erasmus Münzer, war bereits am 9. Mai desselben Jahres verstorben. Aventin würdigte sein Schaffen in einer biografischen Skizze, die er ein Jahr später mit der Herausgabe der in St. Emmeram entdeckten Quellenschrift zum Leben Kaiser Heinrichs IV. veröffentlichte. Nach Abschluss seiner Arbeiten in Regensburg traf Aventin am 15. Oktober wieder daheim in Abensberg ein.

Doch seine Studienfahrten für dieses Jahr waren noch nicht abgeschlossen. Über Ingolstadt und Scheyern ritt er am 23. Oktober nach München. Dort hielt er sich zwei Wochen auf und kehrte dann, unterbrochen von einem längeren Besuch in Landshut und einer kürzeren Visite in Neuburg an der Donau, wieder in seine Vaterstadt zurück. Von Abensberg aus bearbeitete Aventin anschließend in Tagesausflügen die Klöster in der Umgebung: Biburg, Weltenburg, Paring, Mallersdorf und Rohr. Die Weihnachtstage und Neujahr verbrachte er wieder zu Hause.

Im folgenden Jahr sollte der Gelehrte auf seinen Forschungsreisen noch umfangreichere Strecken zurücklegen. Den Schwerpunkt des Programms bildeten nun die historisch interessanten Stätten im Westen und Süden Oberbayerns, die er auf Rundtouren abarbeitete. Im Frühjahr besuchte er unter anderem Schamhaupten, Riedenburg, Geisenfeld und Ingolstadt. Ab 8. April ritt er noch einmal durch das Altmühltal auf den alten Römerstraßen über Essing und Kipfenberg nach Eichstätt. Dort traf er am 10. April ein und blieb über zwei Wochen in der Stadt. Von dort zog er weiter nach Neuburg, (Nieder-)Schönenfeld, Thierhaupten, Altomünster, Kühbach und Hohenwart. Von Krankheit geschwächt, musste er Mitte Mai jedoch nach Abensberg zurückkehren. Es dauerte fast einen Monat lang, bis er sich von seinem Schwächeanfall wieder erholt hatte.

Am 13. Juni brach er auf, erreichte einen Tag später Landshut und arbeitete dann in Niederviehbach, Altötting, Baumburg, Seeon, Chiemsee, Wasserburg, Attel und Rott am Inn. Anschließend ging es für zwei Tage nach Ebersberg, dann folgten Beyharting, Rosenheim, Fischbachau, Weyarn und Tegernsee. Hier durchforstete er eine Woche lang die reichhaltigen Bestände des Benediktinerklosters. Die nächsten Stationen auf seiner Route waren Dietramszell, Beuerberg, Benediktbeuern, Schlehdorf, Habach, Ettal, Steingaden, Rottenbuch, Polling und Wessobrunn. Den Archivschätzen von letzterem Kloster widmete sich Aventin wiederum eine ganze Woche lang, bevor er nach Fürstenfeld weiter ritt und von dort nach Grafrath, Dießen, Bernried und Schäftlarn. Am 11. August kam er nach München, blieb dort fünf Tage und kehrte dann über Ingolstadt nach Abensberg zurück.

Doch bereits Ende August ging es erneut auf Reisen. Den September verbrachte er in Augsburg bei seinem Freund, dem berühmten Juristen und Antiquar Konrad Peutinger, Syndikus und Stadtschreiber, der ihn in vielen Forschungsfragen beraten konnte. Auch später, bei der schriftlichen Ausarbeitung seiner Chronik, holte er noch öfters dessen Rat ein. Über Ingolstadt kam Aventin nach Abensberg zurück. In den folgenden Monaten unternahm er mehrere Reisen nach Regensburg, Ingolstadt und München.

Insgesamt gesehen, berücksichtigte Aventin auf seinen Touren hauptsächlich die historisch wichtigen Stätten Altbayerns südlich der Donau. Nur wenige Stationen, die er besuchte, lagen nördlich des Flusses. Er musste sich diese Begrenzung auferlegen, um die schriftliche Bearbeitung seiner Ergebnisse in absehbarer Zeit fertigstellen zu können. Die anschließende Oberpfalz gehörte damals außerdem größtenteils zur pfälzischen Linie der Wittelsbacher. Besonders ergiebige Orte streifte er auf seinen Routen mehrmals; Klöster und Städte, die er bereits während seiner früheren Tätigkeiten kennengelernt hatte, wie zum Beispiel Burghausen, konnte er hingegen übergehen.

Seine Touren zeigen, dass er vor allem in den kleinen Orten und Märkten unterwegs war – es waren Ackerbürgerstädte, wo die Menschen meist mit ihrem Vieh noch unter einem Dach lebten und der Misthaufen im Hof lag. Johannes Aventinus war ein guter Beobachter des Alltagsgeschehens und des bäuerlichen Lebens. Während er auf diesen Reisen die Landesgeschichte erforschte, sammelte er gleichzeitig die Eindrücke für seine treffsichere Beschreibung des bayerischen Volkes.

AVENTINS WERTVOLLE NOTIZBÜCHER

Der »Hauskalender« diente Aventin dazu, stichpunktartig die einzelnen Stationen seiner Reisen zu vermerken. Quellenfunde in den einzelnen Archiven und Bibliotheken notierten er und sein Schreiber jedoch in eigenen Notizbüchern, den sogenannten Adversarien. Von den ursprünglich mindestens zehn Bänden im Format DIN A3 haben sich fünf erhalten, die heute zum Bestand der Bayerischen Staatsbibliothek München gehören.

Einer unter ihnen wurde schon während Aventins Aufenthalt in Burghausen 1509 begonnen. Auf seinem Deckblatt steht: »In der Burg Burghausen gesammelt.« Darin finden sich eine Reihe interessanter und zum Teil hochbedeutender Archivalien, zum Beispiel Auszüge aus der Gründungsgeschichte von Kloster Tegernsee aus dem 12. Jahrhundert und eine bis dahin unbekannte Chronik Kaiser Ludwigs IV. Letztere leistete Aventin später gute Dienste, als er die Leistungen dieses Wittelsbachers, der wegen seines Kampfes mit der Römischen Kurie als Barbar in die Geschichte eingegangen war, im achten Buch seiner »Chronik« ausführlich rehabilitierte. Aufzeichnungen von weiteren Quellen aus der Region zwischen Salzburg, Passau und Landshut weisen darauf hin, dass die Eintragungen zum Teil auf Exkursionen erfolgten, die Aventin damals mit den Prinzen oder allein durchführte.

Insgesamt enthalten die Adversarien eine Fülle von Abschriften und Auszügen historischer Materialien. Die Überprüfung einzelner Texte zeigt, dass Aventin und sein Schreiber äußerst gewissenhaft arbeiteten und die ihnen vorgelegten Archivalien präzise kopierten. Da viele der Originaldokumente im Laufe der Jahrhunderte zerstört wurden oder verloren gingen, sind diese Notizbücher bis heute von großer Bedeutung. Zum Beispiel konnten jüngst die Vorgänge um die berühmte Landshuter Fürstenhochzeit Herzog Georgs mit der polnischen Königstochter Hedwig im Jahr 1475 dank der entsprechenden Aufzeichnungen aus diesen Adversarien des Gelehrten durch neue Informationen ergänzt werden.

5 Die erste gedruckte Landkarte Altbayerns (1523) und kleinere Schriften

An der Wende zum 16. Jahrhundert wurden Orientierungshilfen zur Lokalisierung der einzelnen Regionen und Städte sowie eine Übersicht über das verbindende Straßennetz immer wichtiger, da Reiseverkehr und Handel in Europa beständig zunahmen. Dazu kam, dass die Gläubigen zur Jahrhundertwende den Weltuntergang erwarteten. Die Pilgerströme nach Rom und ins Heilige Land hatten daher um 1500 riesige Ausmaße angenommen. Speziell für diesen Personenkreis entstand damals die älteste gedruckte Wegekarte Mitteleuropas, die Romwegkarte von Erhard Etzlaub (1462–1532). An politischen Regionalkarten gab es zu jener Zeit lediglich eine Landkarte der Schweiz, die der Züricher Wissenschaftler Konrad Türst als Beilage für sein 1497 abgeschlossenes Werk über die Eidgenossenschaft entworfen hatte.

DER KARTOGRAF

Als Aventin in den Jahren 1518/1519 unterwegs war, um sein Archivmaterial zu sammeln, musste er noch ohne eine Landkarte des Herzogtums zurechtkommen. Spätestens bei dieser Gelegenheit wird er den Mangel erkannt haben. Um dem Leser seines Geschichtswerks eine Orientierungshilfe zu bieten, machte er sich daher an die Arbeit, eine brauchbare Übersicht von Ober- und Niederbayern mit angrenzender Oberpfalz zu entwerfen. Er erwähnt die Beilage in seiner Inhaltsbeschreibung zur deutschen Kurzfassung seiner »Annalen«, die 1522 in Nürnberg erschien: »Ain Beschreibung sampt ainer mappa, nach rechter Kunst des gantzen lands stet, wasser, perg, und was sunst hierinnen anzuezeigen die notdurft eraischt« (SW 1, S. 112).

Diese Karte ist genordet, hat das Format 40 x 32 cm und den Maßstab von zirka 1:720 000. Sie wurde sowohl mit geografischen Koordinaten als auch durch abgeschrittene Wegstrecken konstruiert. In zwei Lorbeerkränzen platzierte Aventin das

Die erste Landkarte Altbayerns, 1523 von Johannes Aventinus geschaffen.

bayerische Wappen und seine Widmung an die Wittelsbacher Herzöge Wilhelm, Ludwig und Ernst. In der Kopfleiste sind die Wappen der bayerischen Hochstifte wiedergegeben; an den Seiten und der unteren Randleiste erscheinen die Wappen bayerischer Städte. Auffallend ist die detaillierte Wiedergabe der verschiedenen Geländeformationen, die das Interesse an der Darstellung der Landschaft verrät. Parallelen dazu finden sich in der zeitgenössischen Kunst: Albrecht Altdorfer, mit dem Aventin in Regensburg in Kontakt stand, schuf 1520 mit seinem Gemälde »Donaulandschaft bei Regensburg« das erste reine Landschaftsbild. Auf Aventins Karte sieht man hügeliges Land mit Wäldern und grünen Landstrichen, Gebirge, blaue Flüsse und Seen. Eine getüpfelte Linie markiert die Grenze zwischen Ober- und Niederbayern. Schwarze Kreise kennzeichnen die Städte; darüber oder daneben erkennt man zierliche Ortsansichten mit Mauern und Türmen. Obwohl von winziger Größe, erfassen sie doch oft wesentliche Charakteristika. Zusammen mit den Landschaftsmotiven verleihen sie diesem Werk einen unverwechselbaren Stil.

Als Historiker verwendete Aventin in seiner Karte zum Teil antikisierende geografische Bezeichnungen, die entweder von lateinischen Autoren, zum Beispiel Tacitus, stammen oder von geschichtlichen Ereignissen herrühren. Auf einem eigenen Blatt fügte er dazu eine Erklärung bei (SW 6, S. 52–57). Unter anderem liest man folgende gelände- und siedlungsgeschichtliche Bezeichnungen: »Narisci« (Nordgau), »Brenni« (Gebiet zwischen Isar und Inn), »Im tunca« (Donaugau), »Geloni« (Glonn-Amper-Land), »Lykatii« (die Lechrainer), »Baelauni« (Amper-Lech-Gebiet) ... Er unterscheidet zwischen den »alten Stet, an zal vierzig«, das sind die römischen Gründungen, und den »neuen stet«. Erstmals dargestellt sind die acht größeren Seen in Oberbayern: Ammer-, Würm- und Chiemsee, Staffel-, Kochel-, Walchen-, Tegern- und Schliersee.

Um die Entfernung (Luftlinie) zwischen zwei Orten zu erhalten, nimmt man den Abstand zwischen den sie darstellenden Punkten in den Zirkel, hält ihn an den am Kartenunterrand beigegebenen Maßstab und liest ab. Die Anweisung, die Aventin dazu auf dem Beiblatt gab, lautete: »Unter der untern leysten syndt verzaichnet / die meyl doch geschnurt und nach dem zirkel gemessen.« Die Maßstabsgenauigkeit war hier jedoch noch nicht so wichtig. Aventins Sorgfalt galt mehr der richtigen »Ab-kunterfeiung«, das heißt der anschaulichen bildlichen Schilderung des Landes. Unter den nachfolgenden Kartografen, den Ingolstädter Mathematikern Peter und Philipp Apian sowie dem Nürnberger Paul Pfinzing, sollte sich die Methode der Messtechnik dann grundlegend verbessern.

Diese erste Karte von Altbayern, erdacht und entwickelt von dem Hofhistoriografen Johannes Aventinus, erschien im Jahr 1523. Ihr Druck erfolgte bei Johann Weyssenburger in Landshut. Der Holzschnitt ist mit G. A., dem Kürzel des Buchdruckers und späteren Verlegers Georg Apian, signiert. Er war damals bei Weyssenburger tätig und übernahm nach dessen Umzug nach Passau die Landshuter Druckerei.

Aventin machte während seiner Aufenthalte in Landshut auch die Bekanntschaft mit Georgs Bruder Peter, der 1523 sein Mathematikstudium in Wien abgeschlossen hatte und nach Hause zurückgekehrt war. In jener Zeit arbeitete er gerade an einer Sonnenuhr für Burg Trausnitz, die Residenz von Herzog Ludwig X. Auf den Geschichtsforscher scheint der junge Mathematiker großen Eindruck gemacht zu haben, denn er setzte sich später für die 1527 erfolgte Berufung von Peter Apian an die Universität Ingolstadt ein, obwohl dieser keinen Magisterabschluss vorweisen konnte.

Von dieser ersten handkolorierten Holzschnittkarte Aventins hatte sich über die Jahrhunderte nur ein einziger Abdruck erhalten. Der mit der Säkularisation der Klosterbibliotheken beauftragte Johann Christian Freiherr von Aretin fand das Stück Anfang des 19. Jahrhunderts im Kloster Tegernsee und brachte es in die Königliche Münchner Hof- und Staatsbibliothek. Später wurde die Karte in der Münchner Armeebibliothek aufbewahrt und verbrannte im Zweiten Weltkrieg. 1899 hatte sich jedoch glücklicherweise die Geographische Gesellschaft von München zu ihrem 30-jährigen Bestehen davon eine Faksimile-Reproduktion anfertigen lassen. Diese originalgetreue Kopie diente dem Bayerischen Landesvermessungsamt 1964 für einen Nachdruck in Originalgröße.

NACHFOLGER

Der Bedarf an einer Orientierungshilfe für die Reise durch das Herzogtum Bayern war im 16. Jahrhundert offensichtlich bereits groß, denn eine zweite, leicht veränderte Ausgabe der Karte ließ Georg Apian zwei Jahre nach dem Tod Aventins ebenfalls bei Weyssenburger in Landshut drucken.

1529 erhielt Aventin Besuch von Johannes Honterus, der vor den Türken, die gerade Wien belagerten, nach Regensburg geflohen war. Der junge Krohnstädter Student holte sich bei ihm Rat für seine geplanten Kartenwerke: 1532 brachte Honterus dann zwei Sternkarten und die erste Landkarte von Siebenbürgen heraus.

Aber nicht nur die Zeitgenossen schätzten diese Leistung des Hofhistoriografen. Aventins Bayernkarte wurde in ihrem Gesamtaufbau auch zum Vorbild für die um 1554 gedruckte erste Landkarte Salzburgs. Später benutzte sie der flämische Geograf Abraham Ortelius als Vorlage für seine Karte des Herzogtums Bayern in seinem weit verbreiteten Druckwerk »Theatrum orbis terrarum«, das 1570 in Antwerpen erschien und eine erste Sammlung von Landkarten in Buchform präsentierte. Er erwähnte sie sogar im Vorwort und fügte in seiner Bayernkarte bei Abensberg den Zusatz »Jois Auentini patria« (Heimat des Johannes Aventinus) ein. Durch diese Nennung an prominenter Stelle blieb die Aventinische Bayernkarte weitläufig bekannt.

Kritiker warfen dem Abensberger Gelehrten später unter anderem die fehlerhafte Platzierung der Römerstädte vor. Vergleicht man seine Leistung jedoch mit den Kartenwerken, die seine Vorläufer anfertigten – es handelte sich um einfache Strichzeichnungen in Vogelschau auf das Land, wie sie zum Beispiel die Schedel´sche Weltchronik 1493 zeigt –, kann Aventinus als ausgezeichneter Kartograf seiner Generation bestehen.

DIE »FINGERÜBUNGEN« – ERSTE HISTORISCHE ABHANDLUNGEN

Auf die Ergebnisse seiner Studienreisen und frühere Forschungen gestützt, schrieb Aventin einige kleinere Abhandlungen über historisch bedeutsame Klöster und Städte Bayerns. Diese Arbeiten entstanden überwiegend vor seinen Hauptwerken. Es sind zum Teil Studien für eine Chronik Bayerns, die Johannes Aventinus schon lange vor seiner offiziellen Beauftragung durch die Herzöge im Sinn gehabt hatte. In ihnen zeigt sich, dass der Gelehrte die Auswertung und kritische Überprüfung von Quellen aller Art anfangs noch nicht so ausgereift handhabe wie dies später der Fall war. Daher sind diese ersten

Schriften gut geeignet, die Entwicklung der historischen Methode Aventins zu verfolgen.

1517 schloss er seine Abhandlung über das Benediktinerkloster Scheyern (»Annales Schirenses«) ab, die er dem befreundeten Abt Johann II. Turbeit widmete. Als Begräbnisstätte der frühen Wittelsbacher kam dem Scheyerer Klosterberg große Bedeutung zu. Unter Auswertung alter Jahrbücher und erzählender Schriften, wie zum Beispiel der ersten Klosterchronik von Abt Konrad, konstruierte Aventin deren Geschichte von der Einwanderung des Geschlechts ab dem Jahr 508 über die von Hirsau aus erfolgte Gründung des Klosters 1097 bis ins Jahr 1253. Das beigefügte Verzeichnis der Äbte listet 33 Persönlichkeiten von den Anfängen bis zum damaligen Amtsinhaber auf.

Die Chronik von Altötting (»Historia Otingae«) stellte Aventin 1518 fertig. Eine deutsche Übersetzung folgte bereits ein Jahr später. Kurz und knapp berichtet der Gelehrte darin über dessen römische Vergangenheit, die Geschichte der frühmittelalterlichen Pfalz und die aufkommende Wallfahrt. Erst in der Folgezeit sollte sich der Ort zu einer zentralen Stätte der Marienverehrung in Bayern entwickeln. Dabei erwähnt der Gelehrte auch die hier befindlichen Herrschergräber, die er mit den damals noch vorhandenen Grabsteinen nachweist, jedoch ihre Inschriften nicht mitteilt. Die Legende, dass sich in der Stiftskirche das Grab Kaiser Arnulfs befinden soll, wird vom Autor noch kommentarlos übernommen.

1517 stellte er einen kurzen Abriss der Passauer Stadtgeschichte (»Narratiuncula de Bathavina urbe«) zusammen, der dem dortigen Domdechanten Wolfgang von Tannberg und seiner Familie gewidmet ist. Er erstreckt sich von der Urgeschichte der Bayern über die römische Stadtgründung bis zum Jahr 978. Dazu wertet Aventin bereits die Inschriften zweier aufgefundener Römersteine aus. Auch in der Chronik des Augustiner-Chorherrenstifts Ranshofen bei Braunau (»Chronicon Ranshofense«) für Abt Kaspar Turndl, die der Gelehrte in einer Erstfassung 1517 vor Ort schrieb und 1523 überarbeitete, teilte er den Wortlaut einer Inschrift mit und bezog bereits mittelalterliche Grabsteine in der Kirche in seine Beschreibung des Ortes, der Pfarrei- und Klostergeschichte mit ein.

Für einen Überblick zur Entwicklung des Benediktinerklosters Biburg (»Descriptio Biburgensis«) im Auftrag des Abtes Leonhard Aichstetter wertete Aventin Predigt- und Traditionsbücher aus und berücksichtige Grabdenkmäler vor Ort. In seinem Vorwort nennt er unter seinen Quellen neben Büchern nun auch Steine, Tafeln und Altertümer. Doch all die Monumente, die er in diesen frühen Arbeiten zitiert, sind für ihn noch keine echten Zeugnisse mit Beweiskraft; sie dienen ihm bestenfalls dazu, die gemachten Angaben zu untermauern.

PERSÖNLICHKEIT UND SELBSTVERSTÄNDNIS AVENTINS

Der Gelehrte war bei seinen Zeitgenossen hochgeachtet. Geradezu schwärmerisch äußerte sich Dr. Gereon Sailer, Jurist im Dienst der Stadt Augsburg, der in den 1520er-Jahren in Ingolstadt studiert und Aventin dort wohl persönlich kennengelernt hatte: »Alles, was er tut und spricht, ist eine Offenbarung. Er ist die Ehrenhaftigkeit selbst. Man weiß nicht, ob er ein größerer Gelehrter oder ein größerer Ehrenmann ist. Er ist voll der klügsten Ratschläge.«

Caspar Bruschius, der erste Biograf Aventins, beschrieb die äußere Erscheinung des Gelehrten als hochgewachsen, von sehr schlanker Statur, mit langem, rotem Vollbart, glatten Haaren und bleicher Gesichtsfarbe. Er soll sich nach Art der Priester gekleidet haben und sehr zurückhaltend im Essen und Trinken gewesen sein (SW 1, S. 303).

Aventin hatte alles andere als eine robuste Gesundheit; darauf verweisen seine wiederholten Erkrankungen. Hohes Fieber konnte ihn wochenlang außer Gefecht setzen. Einen Hinweis auf die anfällige Gesundheit des Gelehrten gibt die Bestallungsurkunde aus dem Jahr 1514, wonach ihm der Münchner Hof wegen seiner schwachen körperlichen Verfassung jährlich 20 Gulden zusätzlich zur Selbstversorgung gewährt. Außerdem erhielt er täglich eine Sonderration Brot und Wein, weil er das Essen der Hofküche nicht gut vertrug, sowie einen Knecht zur Unterstützung: »Vnd nachdem Er ettwas ain swacher mensch ist deme unnser hoffcosst vnd Speysse nit wol als Er vermaint gezymen will. So sollen Ime für die cosst aûs gemelter vnnser Camer alslanng Er vnnser hofgesind ist Jarlich zwaintzig guldin Reinisch mit den Er sich selbvercossten solle vund dartzû aûs vnnserm hofkeller alle tag prot vnd wein ... bezallt vnd gegeben. Vnd in sonnderheit soll Ime aûch ain aigner knecht der mit vnnser hofcosst mit vnnsern lernenden Edelknaben zeesen versehen gehallten ... gegeben werden. Weitter aber kein solld von vnns vollgen ...«

Ab 1509 bis zu seinem Tod erhielt der Gelehrte ein Salär, in späteren Jahren eine Art Rente vom Münchner Hof, die sich von anfangs 60 Gulden auf 100 Gulden (ab 1524) erhöhte. Als Gegenleistung war er verpflichtet, mit seinen historischen Schriften zum Ruhm des bayerischen Herrscherhauses beizutragen und all seine Forschungsergebnisse den Herzögen zu überlassen (»dan so ich ... mit statlichem sold und belonung von Euer Fürstlichen Gnaden, mein leben lang versehen pin, damit ich das alte herkummen des gar alten loblichen haus zu Baiern und desselben fürsten und künigen groß taten in ewig gedächtnus brächte ...« (SW 4, S. 6).

Johannes Aventinus besaß eine charakteristische, scharfkantige Handschrift. Den Großteil seiner Bücher kennzeichnete er auf den Deckeln oder Vorblättern mit dem Besitzvermerk »Ioannes Aventinus« und seinem auf Griechisch geschriebenen Wahlspruch »Strebe nach Vollkommenheit und halte Dich von allen Vergnügungen fern!« Er ist ein Hinweis auf die asketische Lebenseinstellung des Gelehrten. In seinem Hauskalender, seinem Tagebuch, folgt auf diesen Spruch als Erstes der Verweis auf seinen verehrten Lehrer Konrad Celtis.

Seine Tätigkeit als Historiker sah Aventin nicht als Beruf, sondern als Berufung, als eine »besundere gnad und gab des allmächtig güetig himmlisch vatters«. Indem er seinen Lesern Beispiele für richtiges und falsches menschliches Verhalten aus der Geschichte vermittelte, handelte er – vergleichbar einem Priester – im Auftrag Gottes, um den Menschen Richtlinien für ihren Weg zur Glückseligkeit zu geben. Zugleich verstand er sich als prophetischer Seher, der auf der Grundlage seines Wissens über die Vergangenheit die Zukunft deuten könne (siehe SW 4, S. 5–13). Dahinter verbirgt sich die Ansicht, dass sich historische Konstellationen prinzipiell wiederholen.

Als überzeugter Patriot stellte Aventin seine Fähigkeiten bereitwillig in den Dienst seiner bayerischen Heimat und deren Regenten, den Wittelsbachern. Durch die Darstellung ihrer glanzvollen Geschichte wollte er ihren Ruhm mehren; seine politischen Ratschläge sollten sie befähigen, die Zukunft seines Vaterlandes erfolgreich zu gestalten.

Aventins elementare Existenzangst hat ihre Wurzeln in seinem mittelalterlichen Geschichtsbild. Für ihn stellte das deutsche Reich die letzte Weltmonarchie dar. In seiner Sorge um Kaiser und Reich angesichts der Türkengefahr schwingt die Angst vor dem Weltuntergang mit. Mit schärfster Kritik verfolgte er daher die Gegner des Reiches und des Kaisers, das Versagen der Päpste und des Klerus. Aventin registrierte in seinem Umfeld in allen Bereichen Niedergang, Verfall und Zerstörung. Seine Hauptaufgabe als Historiker sah er darin, mit seiner Lehre zur Umkehr und zur Rettung der Welt beizutragen.

6 Die »Herkulesarbeit« – Aventin verfasst seine Hauptwerke (ab 1519)

Ab 1519 war Aventin in Abensberg mit der Auswertung und Bearbeitung seines gesammelten Materials beschäftigt. Im Karmelitenkloster fand er die nötige Ruhe und ausreichend Platz, um sein umfangreiches Werk zusammenzutragen. Er fühlte sich damals wie unter der Last einer »Herkulesarbeit« – so beschrieb er seine Situation in einem Brief an seinen Freund, den Philologen Beatus Rhenanus (SW 1, S. 655).

Viele Welt- und Ordensgeistliche schickten ihm zusätzliche Urkunden und Beiträge nach Abensberg. Auch die Augsburger Domherren Matthäus Marschall von Biberach und Konrad Adelmann von Adelmannsfelden, der Domherr und spätere Bischof Wiguläus Fröschl von Passau, dessen Sekretär Philipp Tantzer, der Eichstädter Bischof Gabriel von Eyb und viele andere trugen noch wertvolle Unterlagen bei. Zu seinen größten Förderern gehörte Kardinal Matthäus Lang, der Erzbischof von Salzburg (Amtszeit 1519–1540), der ihn sogar am Schreibtisch besuchte. Aventin sprach ihm in seiner Vorrede zur »Baierischen Chronik« dafür seinen Dank aus: »Der hochwirdigest fürst und herr, mein genedigister herr cardinal zue Salzburg etc. ist selbs in aigner person zue mir gein Abensperg, solch chroniken nur zue besichten, geriten, hat auch meinen fleiß, als ain vast verstendiger fürst solcher arbait, mit besundern gnaden erkent ...« (SW 4.1, S. 13)

DIE »ANNALES DUCUM BOIARIAE«

Auf der Grundlage seiner jahrelangen Archivforschungen in ganz Bayern schrieb Aventin zwischen 1519 und 1521 im Auftrag der bayerischen Herzöge Wilhelm IV. und Ludwig X. die »Annales ducum Boiariae« (die Jahrbücher der Herzöge von Bayern). Er verfasste sie in formvollendetem Latein. Der Hofhistoriograf war zwar nicht der Erste, der sich mit der Darstellung der bayerischen Geschichte beschäftigte, doch sind seine »Annalen« das umfassendste und am besten auf Quellen aufgebaute Werk, das bis dahin erschienen ist, und stellen daher eine überragende wissenschaftliche Leistung dar. Viele der Schriftstücke, die der Gelehrte damals auswertete, sind im Laufe der Zeit verloren gegangen. So ist sein Bericht darüber oft die einzig verbliebene Nachricht.

Die »Annalen« behandeln die bayerische Geschichte in einem Zeitraum von den Anfängen bis zum Jahr 1460. Dabei schließt Aventin die deutsche Geschichte unmittelbar an die biblische Erzählung der Sintflut an. Gemäß dem Geschichtsbild seiner Zeit war Aventin der Ansicht, dass das römisch-deutsche Imperium, in dem er lebte, die letzte der vier von Daniel prophezeiten Weltmonarchien war. Die Deutschen seien von Gott auserwählt worden, in der Nachfolge der Assyrer, der Perser, Griechen und Römer die Weltherrschaft zu verwalten. Karl der Große war das Bindeglied, über das der Machtanspruch von den oströmischen Kaisern auf die Deutschen übergegangen war. Der Fortbestand der Welt war deshalb vom Schicksal des Reiches und des Kaisertums abhängig.

Räumlich beschränkt sich der Autor in seinem Werk nicht auf Bayern, sondern beschreibt, »... was trefflichs die Teutschen allenthalben nit allein in Europa, sonder auch in Asia und Africa, auch vor Christi unsers Hailmachers gepurt, getan haben« (SW 1, S. 108). Jedem der sieben Bücher, die das Werk umfasst, ist ein Quellenverzeichnis vorausgestellt. Die Darstellung setzt ein mit Tuisco, dem laut Aventin nach der Sintflut geborenen Sohn Noahs, der mit 20 Fürsten aus Armenien in die deutschen Lande einwanderte. Unter dem 11. König Germaniens, Alemanus Hercules, entsteht Bayern. Das 2. Buch beinhaltet die Reihe der römischen Kaiser und ihr Verhältnis zu den Germanen bis zu Theoderich d. Gr. († 526). Es folgt im 3. Buch die Zeitspanne von Attila bis zu Karl d. Gr. († 814); das 4. Buch umfasst die Zeit bis Otto d. Gr. († 973), das 5. Buch beschreibt die Epoche bis zu Heinrich IV. († 1106), gefolgt von den Welfen bis Otto IV. († 1218) im 6. Band; das letzte Buch widmet sich der Geschichte der Wittelsbacher, zusammen mit reichhaltigen historischen Informationen über bayerische Orte und Klöster.

Dass siebent Stuck: Wia er drei Jor lang nix als wia gschriebn hot an da bairischen Gschicht für de Gwappeltn af Lateinisch für d Leut aber af guat Boarisch (»Das Leben Aventins«, Blatt 7).

Schon zu Beginn seiner Arbeit informierte Aventin die gelehrte Welt in einem Druck, der nur wenige Seiten umfasste, über den Inhalt seines in Arbeit befindlichen Geschichtswerkes und lieferte bereits ein Verzeichnis der behandelten historischen Stätten. Diese Vorankündigung unter dem Titel »Bayrisch Cronick ...« wurde um 1519 in München herausgebracht (SW 1, S. 102–106).

Bis Ende Mai 1521 schrieb er an den »Annalen« und unterzog das Manuskript dann bis zum August desselben Jahres noch einer Überprüfung. Gleichzeitig arbeitete er an einer kurzen deutschen Zusammenfassung, die vom Hofe genehmigt wurde und unter dem Titel »Bayrischer Chronicon« vorab erschien (SW 1, S. 107–170). Um die dafür erforderlichen Arbeiten zu überwachen und die nötigen Korrekturen vorzunehmen, hielt er sich vom 24. März bis Anfang Juni 1522 bei dem Buchdrucker Friedrich Peypus in Nürnberg auf. Am 2. Juni war der Druck abgeschlossen.

Die Publikation trägt auf der Titelseite das herzoglich-bayerische Wappen und beinhaltet das Empfehlungsschreiben der Herzöge Wilhelm und Ludwig an die Städte, Märkte und Klöster im Herzogtum, das dem Gelehrten den Zugang zu den Bibliotheken und Archiven eröffnen sollte, gefolgt von Aventins Danksagung an die beiden Herzöge. In seiner Widmung spricht Aventin den immensen Arbeitsaufwand an, der nötig war, um die »Annalen« fertigzustellen: »... Auß Euer Fürstlichen Gnaden befelch und darlegen hab ich die chronica mit grosser müe und schwerer arbeyt nit on leibs und gemüts kreften verschwentung im latein nun verfertigt und disen außzug ... in teutsch durch den druck auß lassen gêen ...« (SW 1, S. 109).

Vielleicht ahnte der Autor damals bereits, dass die Publikation der ausgearbeiteten »Annalen« mit

JOHANN THURMAYER genannt AVENTINUS
welcher hier in seiner Vaterstadt die Jahrbucher der Bayern im Jahre 1519 begonnen und im Jahre 1521 vollendet hat.

Das Aventinus-Denkmal in Abensberg.

Schwierigkeiten verbunden sein könnte. Auf alle Fälle führten seine Vorab-Veröffentlichungen zur aufmerksamen Registrierung durch die Kollegen und zur Festigung seines Rufs als Wissenschaftler von Rang.

DIE »BAIERISCHE CHRONIK«

Bereits im November 1522 begann der Hofhistoriograf, die »Annalen« in seine Muttersprache zu übersetzen. Doch die unruhigen Zeiten im Rahmen der konfessionellen Auseinandersetzungen, in denen er seine eigene Position erst finden musste, zwangen ihn zu größeren Pausen. Der offizielle Auftrag für die deutsche Ausgabe folgte erst 1526. Diese Arbeit, in die er sehr viel Herzblut legte, sollte ihn bis wenige Monate vor seinem Tod beschäftigen. Schon im Vorwort seines »Bayrischen Chronicon«, geschrieben im Juni 1522, hatte er sein Vorhaben angekündigt: »Und so ich nach solcher uberschwencklichen purde, etwa ein wenig gerastet, und verblasen, dyse last wider auff mich zu laden und auff das fürderlichist die gantzen Hystorien zu verteutschen.« (SW 1, S. 110)

Die »Baierische Chronik« hält sich in der Gliederung weitgehend an die »Annalen«. Sie ist dennoch keine bloße Übertragung aus der lateinischen Sprache, sondern ein eigenständiges, neu angelegtes Werk. Aventin hat diesen Text für ein breites Publikum geschrieben und viele erklärende und kommentierende Zusätze, Sprichwörter, fingierte Reden und Beispiele eingefügt. Das Werk beweist, dass Aventin neben seinem gelehrten Latein, das höchsten Ansprüchen genügte, auch die Umgangssprache seiner Zeit in all ihren Facetten beherrschte. Es war ihm ein großes Anliegen, seine wissenschaftlichen Erkenntnisse »mundgerecht« an alle Volksschichten zu vermitteln. Daher schuf er mit voller Absicht ein Lesebuch mit Unterhaltungswert für die Bürger und Bauern in den Städten und Dörfern. Die lockere Darbietung des Geschichtsstoffes sollte Neugier und die Bereitschaft wecken, die darin enthaltenen Lehren anzunehmen.

Besondere Bedeutung erlangte die »Baierische Chronik« als Markstein in der Entwicklung der deutschen Schriftsprache,

Johannis Auentini

Des Hochgelerten weitberumbten

Beyerischen Geschichtschreibers Chronica/ Darinn nit allein deß gar alten Hauß Beyern/ Keiser/ Könige/ Hertzogen/ Fürsten/ Graffen/ Freyherrn Geschlechte/ Herkommen/ Stam̃ vnd Geschichte/ sondern auch der vralten Teutschen Vrsprung/ Herkom̃en/ Sitten/ Gebreuch/ Religion/ mañliche vnd treffliche Thaten/ so sie fast biß jn diser zeyt/ allenthalben/ nit allein im Teutschland vnd Europa/ sondern auch in Asia vnd Africa/ auch vor Christi vnsers Seligmachers Geburt/ gethan haben/ zum fleissigsten beschriben/ vñ auß allerley Chronicken/ Handschrifften/ alten Freyheiten/ Vbergaben/ Brieffen/ Saltzbüchern/ Reimen/ Liedern/ vnd andern glaubwirdigen Monumenten vnd Schrifften zusammen getragen vnd in acht Bücher gethailt.

Anfenglich durch den Authorem in Latein verfertigt/ hernachmals aber den Teutschen zu gutem von jm selber mit höchstem fleiß in gut gemein hoch Teutsch gebracht/ gemehrt vnd gebessert/ zuuor nie in druck außgangen.

Jetzundt aber dem Gemeinen nutz zum besten/ der Teutschen Nation zu ruhm/ vnd dem löblichen Hauß Pfalz vnd Beyern zu preiß vnd ehr publiciert vnd an den tag gegeben.

IOHANNES AVENTINVS ANNO AETATIS LXVII

Mit Keys. Mt. Freyheit in zehen jaren nit nachzudrucken
Getruckt zu Franckfurt am Mayn/ im jar deß HERRN/
M. D. LXVI.

Titelblatt der ersten vollständigen Ausgabe der »Baierischen Chronik« von Johann Thurmair aus Abensberg, genannt Aventinus, erschienen in Frankfurt am Main 1566.

da Aventin ein lebendiges, mundartlich gefärbtes Frühneuhochdeutsch überlieferte. Im Gegensatz zu Celtis, der die deutsche Sprache überhaupt als »barbarisch« abtat, besaß für Aventin jede Sprache ihren Eigenwert. Er lehnte das gekünstelte Humanistendeutsch ab und bevorzugte bewusst die Umgangssprache: »... dann unser redner und schreiber ... krumen unser sprach ... vermengen, felschens mit zerbrochen lateinischen worten, machens mit grossen umschwaifen unverstendig ... wan ein ietliche sprach hat ir aigne breuch und besunder aigenschaft ...« (SW 4.1, S. 5).

Den Inhalt gliederte Aventin in acht Bücher. Deren Einteilung folgt den »Annalen«; nur deren letzter Band wurde auf zwei Bücher aufgeteilt und chronologisch bis zur Regierung Herzog Albrechts IV. († 1508) fortgeführt. Die ersten beiden Bücher sind wie schon bei den »Annalen« vorwiegend als Ausläufer der mittelalterlichen Heils- und Weltgeschichte zu verstehen, die bei der Genesis einsetzt. Doch gelingt Aventin durch genaue Auswertung seiner eigenen Beobachtungen auch hier so manche neue Feststellung. Schon in der ersten Skizze der »Chronik« 1519 und dann im 8. Kapitel des zweiten Buches macht er zum Beispiel auf ein Wall-Graben-System (»landwer«, vgl. SW 1, S. 103; 4, S. 498) entlang der Donau aufmerksam, dem er historische Aussagekraft zubilligt. Er interpretiert es innerhalb der Topografie der römischen Provinz Rätien als Grenze des Römerreiches an der Donau. Damit hatte er als Erster auf den Limes hingewiesen, wenn er auch dessen Verlauf nicht korrekt beschreiben konnte. Im dritten Buch beginnt die quellenmäßig fundierte Darstellung der Geschichte der bayerischen Fürsten, ihres Herrschaftsgebietes und Volkes. Viele historische Details und Anekdoten, die heute noch geläufig sind, verdanken wir diesem Werk. Zum Beispiel stammt daraus der Spruch »Jedem Mann ein Ei, dem frommen Schweppermann zwei!«, mit dem sich laut Aventin Ludwig der Bayer nach der Schlacht von Mühldorf 1322 bei seinem tapferen Feldherrn bedankte.

Im November 1527 ritt Aventin nach Regensburg, um seinem Freund Georg Prims die Chronik zu zeigen. Das erste

Buch war laut Eintragung im Hauskalender im Dezember beendet. Im April 1528 ist die Reinschrift des zweiten Buches, die Georgs Bruder Erasmus besorgte, abgeschlossen. Dann folgte eine lange Pause in der Bearbeitung; das dritte bis fünfte Buch wird erst 1531 fortgeführt (SW 5, S. 1, 115, 267). Aventin hat die Arbeit an der »Baierischen Chronik« laut Eintragung im »Hauskalender« erst am 23. März 1533 vollendet. Langfristig gesehen, sollte es das bekannteste seiner Werke werden. Insgesamt steht es nicht nur in Bayern, sondern in ganz Deutschland am Anfang der neuzeitlichen Geschichtschreibung und stellt darüber hinaus Aventins bedeutendste schriftstellerische Leistung dar.

DER CHARAKTER DER BAYERN

Bis heute gern zitiert wird die Beschreibung, die Johannes Aventinus in der »Baierischen Chronik« von seinen Landsleuten gab: »Das baierisch volk (gemainlich davon zu reden) ist geistlich, schlecht und gerecht, gêt, läuft gern kirchferten, hat auch vil kirchfart; legt sich mêr auf den ackerpau und das viech dan auf die krieg, denen es nit vast nachläuft; pleibt gern dahaim, raist nit vast auß in frembde land; trinkt ser, macht vil kinder; ist etwas unfreuntlicher und ainmüetiger als die nit vil auß kommen, gern anhaims eralten, wenig hantierung treiben, fremde lender und gegent haimsuechen (...). Der gemain man, so auf dem gä und land sitzt, gibt sich auf den ackerpau und das viech, liegt deselbigen allain ob, darf sich nichts on geschaft der öbrikait understên, wird auch in kainen rat genomen oder landschaft ervodert; doch er ist sunst frei, mag auch frei ledig aigen guet haben, dient seinem herren, der sunst kain gewalt über in hat, jerliche güld zins und scharwerk, tuet sunst was er will, sitzt tag und nacht bei dem wein, schreit, singt, tanzt, kart, spilt; mag wer tragen, schweinspieß und lange messer. Grosse und überflüssige hochzeit, totenmal und kirchtag haben ist êrlich und unsträflich, raicht kainem zu nachtail, kumpt kainem zu übel ...« (SW 4.1, S. 42f).

In kurzgefasster, treffsicherer und einfacher Formulierung umreißt der Gelehrte hier seines Erachtens typische Eigenarten des bayerischen Volkes. Es ist ein glänzendes Beispiel für die Vielfalt seiner Ausdruckskraft. Seine Beschreibung von Charakter und Bedürfnissen des »gemain man« wird von Aufgeschlossenheit und Sympathie für die einfache Bevölkerung getragen.

Die Lehren der Geschichte

An mehreren zentralen Stellen in den »Annalen« und der »Baierischen Chronik« betont Aventin, welch große Bedeutung die Beschäftigung mit der Vergangenheit für das eigene Leben hat. Wer historische Ereignisse gründlich analysiere, könne daraus sogar zukünftige Entwicklungen ableiten, da sich vergleichbare Situationen wiederholen (siehe SW 4.1, S. 10–13). Dieses Wissen ist daher vor allem für Regenten nützlich, die dadurch Regeln für die Staatslenkung erhalten.

Im kurzen Auszug der »Annalen« (1522) macht er den Leser anhand des Schicksals von Heinrich dem Löwen darauf aufmerksam, dass politische Macht und irdischer Glanz vergänglich sind: »Solchs zaig ich an umb der alten geschicht wârheit willen, darauß die plinthait menschlicher plödigkait mit sambt der unbestendigkait, lender und leuten grundlich verstanden werde … damit sich ein itlicher in zeitliche güter und also zergencklich zu hoffen dester leichter zu verhüten wisse, wie die menschen ir zeit haben, absterben, zerschmelzen als der schnê …« (SW 1, S. 170)

In der Vorrede zur »Baierischen Chronik« spricht Aventin die Funktion der Geschichte als Lehrmeisterin des Lebens an. Nur wer sich mit der Vergangenheit beschäftige, könne die Gegenwart und die eigene Existenz beurteilen. Gleichzeitig erfährt man aus dem Studium vergangener Schicksale, wie flüchtig alle irdischen Begehrlichkeiten sind: »… und der ist alweg und nichts anderst dan ein kind, der nit waiß, was vor sein gehandelt ist worden … Dan in den alten historien wie in ainem spiegl besiecht ein ietlicher das leben der andern und nimbt im also von andern ein ebenpild, wird ân seinen schaden erinnert was er tun oder lassen sol, was im ubel oder wol anstêt, siecht offenbarlich, wie unbestendig, schwach zergenklich der ruem, pracht des reichtumbs und gewalts seie, wie es gar schnel und liederlich zergê.« (SW4.1, S. 12). Auf diese Weise wird der Mensch geläutert, findet auf den Pfad der Tugend und erreicht letztendlich die Glückseligkeit. Auch wenn der Einzelne für seine Taten selbst verantwortlich ist, so wird die Geschichte nach Auffassung Aventins letztendlich doch von Gott gelenkt. Mit Krieg und Verderben bestraft der Weltenherrscher die Sittenlosigkeit der Menschheit.

PUBLIKATIONSVERBOT

Obwohl beide Hauptwerke Aventins im Auftrag der Wittelsbacher Herzöge entstanden, blieben sie nach ihrer Fertigstellung unter Verschluss. Das Vorhaben, die »Annalen« auf eigene Veranlassung zu drucken, wurde dem Gelehrten im September 1524 untersagt. Dieses Verbot blieb bis an sein Lebensende aufrechterhalten. Ausschlaggebend dafür war die antiklerikale Grundhaltung Aventins: Er hatte sich eine freie und unabhängige Denkweise in nationalen und kirchlichen Fragen angemaßt und seine Meinung über herrschende Missstände, insbesondere über das Verhalten der katholischen Geistlichkeit, freimütig zum Ausdruck gebracht. Damit torpedierte er die politischen Absichten der bayerischen Herzöge, die sich entschlossen hatten, mit allen Mitteln den katholischen Glauben zu stärken und alle »Ketzer« auszumerzen.

Offensichtlich verfolgte der Gelehrte jedoch seine kritische Haltung gegenüber den Würdenträgern der Kirche nicht bis zur letzten Konsequenz: Von September bis Oktober 1523 verbrachte Aventin einige Wochen in Salzburg als Gast von Kardinal Matthäus Lang, der seine Arbeit schon mehrfach unterstützt hatte und am Fortgang seiner Forschungen großes persönliches Interesse zeigte. Seiner geistlichen Führung unterstanden damals die Bistümer Freising, Regensburg, Brixen und Chiemsee. Der Umstand, dass der Kardinal wie viele seiner

Amtskollegen ebenfalls einen ausschweifenden Lebensstil pflegte, beeinträchtigte die Beziehung nicht.

Wieder in Abensberg erhielt Aventin in jenen Jahren viel Besuch von befreundeten Wissenschaftlern und Gönnern, die sich Abschriften aus seinen Werken anfertigen ließen. Im Dezember 1525 hielt sich der Passauer Magister Stephan Gartner bei Aventin auf, der die »Annalen« auf Wunsch und Kosten der Herzöge kopierte.

Erst lange nach dem Tod des Hofhistoriografen sollte Herzog Albrecht V. im Jahr seines Regierungsantritts 1550 den Ingolstädter Poetikprofessor Hieronymus Ziegler († 1562) mit einer »gereinigten« Fassung der »Annalen« Aventins beauftragen. Kritische und kirchenfeindliche Passagen wurden dabei eliminiert. Aventin hatte die meisten davon in seinem Manuskript selbst schon in Klammern gesetzt. In dieser korrigierten Form erschien das Werk dann 1554 in Ingolstadt im Druck. Trotz der Streichungen kam es während des Trienter Konzils auf die päpstliche Liste der verbotenen Bücher. Der Index von Papst Pius IV. (Amtszeit 1559–1565) verzeichnet Aventin als »auctor haereticus primae classis« – als »glaubensfeindlichen Autor erster Klasse«.

Die »Baierische Chronik« musste für eine Veröffentlichung sogar außer Landes gebracht werden. Ihre Erstausgabe erschien erst 1566 in Frankfurt a. M. durch Nikolaus Cisner und begründete deutschlandweit den Ruhm des Abensberger Gelehrten als Geschichtsschreiber.

NETZWERK DER HUMANISTEN

Aventin war in der Gelehrtenwelt Europas weitläufig vernetzt. Die Grundlagen dazu legte er während seiner Studienzeit an den Universitäten in Ingolstadt, Wien, Krakau und Paris sowie durch die Kontakte, die ihm Celtis vermittelt hatte. Zahlreiche Wissenschaftler traf er während seiner Tätigkeit am Münchner Hof und auf seinen Forschungsreisen. Obwohl Aventin mit vielen Zeitgenossen Korrespondenzen austauschte, haben sich nur wenige Briefe von ihm im Original erhalten. Dazu gehören Schriftstücke an den sächsischen Hofhistoriografen Spalatin, den er beim Verfassen seiner Chronik unterstützte, und an den Philologen und Historiker Beatus Rhenanus aus Basel, mit dem er Fragen aus der deutschen Geschichte und dem Altertum diskutierte.

Außerdem stand er mit den Professoren der Ingolstädter Universität im Meinungsaustausch, insbesondere mit Peter Apian (1500–1552), der hier seit 1527 Mathematik lehrte, und dem Theologen Johannes Eck. Zum engeren Kreis gehörten auch der Augsburger Jurist, Stadtschreiber und kaiserliche Rat Konrad Peutinger, der in Nürnberg ansässige Willibald Pirckheimer, ebenfalls Berater des Habsburger Hofes und Freund Albrecht Dürers, zusammen mit einem Kreis von Nürnberger Humanisten, dem auch schon Conrad Celtis, Sebald Schreyer (1446–1520) und Hartmann Schedel (1440–1514) zuzurechnen waren. Dazu kam die Gruppe der Wiener Gelehrten um den Dichter und Diplomaten Johannes Cuspinian sowie der Schweizer Joachim Vadian, der nach Studium und Lehrtätigkeit in Wien ab 1518 wieder in St. Gallen ansässig war. Nicht zuletzt verband ihn mit dem bayerischen Politiker Leonhard von Eck, dem engsten Berater Herzog Albrechts IV., zeitlebens eine freundschaftliche Beziehung.

Während der schwierigen Zeit, in der ihm das Publikationsverbot für seine »Annalen« auferlegt war, erhielt er Zuspruch von nahestehenden Kollegen. Am 10. Dezember 1526 richteten die Humanisten Beatus Rhenanus, Matthäus Marschalk und Conradus Adelmann von Adelmannsfelden ein Sendschreiben an ihn. Darin gaben sie ihrer Hochachtung gegenüber seinem wissenschaftlichen Arbeiten Ausdruck: Aventin habe ihrer Meinung nach stets das Gesetz einer unverfälschten Geschichte – nämlich die Wahrheit zu schreiben – genau befolgt.

7 Konfessionelle Auseinandersetzungen (ab 1522)

Im selben Jahr, in dem Aventin seine umfangreichen Forschungsreisen durch Bayern begann, veröffentlichte der Augustinermönch Martin Luther (1483–1546) Ende Oktober 1517 seine berühmten 95 Thesen zu Wittenberg und löste damit die Reformation aus. Der Abensberger stand damals mit Luther und besonders mit Philipp Melanchthon in regem Gedankenaustausch. Die Erkenntnisse aus diesen Diskussionen flossen in seine Arbeit ein; vor allem hinsichtlich der Kritik an den Missständen in der katholischen Kirche.

Nach der Bannbulle von Papst Leo X. gegen Luther im Jahr 1520 erschien am 5. März 1522 das Erste Bayerische Religionsmandat, mit dem alle herzoglichen Beamten verpflichtet wurden, jeden gefangen zu setzen, der protestantisches Gedankengut verwendete, benutzte oder verbreitete. Im Anschluss daran kam es bis 1528 zu Verhaftungen, Ketzerprozessen und Hinrichtungen.

TUMULTE AN DER UNIVERSITÄT INGOLSTADT

Glaubensdebatten kennzeichneten das geistige Leben an der Universität Ingolstadt. Seit 1523 wurden auch hier Menschen verhaftet, die man als Sympathisanten Luthers verdächtigte. Die Hohe Schule schickte den Theologieprofessor Johannes Eck (eigentlich Johannes Maier/Mayr, der sich nach seinem Geburtsort Egg an der Günz bezeichnete) in die konfessionellen Auseinandersetzungen. Eck konnte ein äußerst streitbarer Gegner sein und erwies sich als eiserner Verfechter der katholischen Position gegen die Glaubenserneuerer.

Der hervorragend gebildete Theologe hatte 1508 in Straßburg die Priesterweihe empfangen. Obwohl er viele Kontakte zu Humanisten pflegte, war er zeitlebens durch die Scholastik geprägt. 1510 berief man ihn auf die freigewordene Lektur der Hl. Schrift. Nebenbei wirkte er als Domherr in Eichstätt und als Pfarrer und Prediger des Ingolstädter Liebfrauenmünsters. Seine vielseitigen Interessen zeigten sich darin, dass er 1514 sogar einen Auftrag von Jakob Fugger dem Reichen annahm, um an der Universität Bologna im Oberdeutschen Zinsstreit die festverzinsliche Handesgesellschaftseinlage zu verteidigen. Sein Eintreten für den Zins und seine dogmatisch-polemische Verbissenheit machten ihn, der von nun an als »habgieriger Fuggerknecht« verschrien war, bis zu seinem Lebensende zur Zielscheibe von Spott und Verleumdung durch seine Gegner.

Aventin unterhielt zu Johannes Eck freundschaftliche Beziehungen, die sich durch die gemeinsame Arbeit an der Universität vertieft hatten. Seine Wertschätzung für den Theologen gipfelte in einem Preislied, das er ihm zu Ehren verfasste. Darin hob er dessen umfassende Bildung und scharfsinnige Rhetorik hervor. Es beginnt mit folgenden Worten: »Ich rühme Eck, den Beredten, kundig der Weisheit und der Natur ...« Das Gedicht wurde in der Wiener Disputation Ecks abgedruckt, die 1517 erschien. Vermutlich dürfte sich diese Zuneigung durch die Ereignisse der Folgejahre etwas abgekühlt haben.

Vor dem Thesenanschlag in Wittenberg stand Eck mit dem Reformator noch in einem Briefwechsel, der von gegenseitiger Achtung geprägt war. Dann fühlte er sich jedoch von Luthers Äußerungen provoziert und antwortete mit kritischen Anmerkungen, die der Angegriffene scharf zurückwies. Die Kontroverse über Buße und Ablass, Gnade und freien Willen führte schließlich im Juli 1519 zur berühmten Disputation in Leipzig, bei der Eck Luther in der Frage nach dem göttlichen Recht des Papsttums und der Autorität der allgemeinen Konzilien in die Enge trieb und ihn zu dem Satz verleitete: »Auch Konzile können irren.«

Der Ingolstädter Gelehrte war vermutlich der Erste, der erkannte, dass es Luther um das Ganze der Kirche ging. Er entwickelte sich zu dessen schärfstem Gegner und Verfolger. Im Frühjahr 1520 reiste er nach Rom. Dort war er maßgeblich an der Abfassung der Bann-Androhungsbulle »Exsurge Domine« beteiligt, brachte das Dokument über die Alpen und ließ es bei dem Ingolstädter Andreas Lutz drucken. Fortan war das persönliche Verhältnis der beiden zueinander vergiftet. Luther beschimpfte Eck als ein Monstrum an Lügen und Irrtümern, später als »Schwein aus Ingolstadt« oder schlicht als »Dr. Sau«. Die Bösartigkeiten beruhten auf Gegenseitigkeit. Ecks Streitschrift »Enchiridion«, in der er 1525 alle Argumente gegen Luther zusammenfasste, wurde bis 1600 rund 50-mal aufgelegt und sollte für alle Kontroverstheologen richtungsweisend werden.

Mehr und mehr geriet die ganze Universität in den Konflikt. Ingolstadt wurde zu einer Art Anti-Wittenberg, zur Hauptstadt des Katholizismus und Bollwerk des alten Glaubens. Durch Johannes Eck und andere hervorragende Theologen wie Leonhard Marstaller und später Petrus Canisius entwickelte sich die Universität im Laufe des 16. Jahrhunderts zum intellektuellen Zentrum der Gegenreformation.

Beispielhaft für die neue Ära wurde der Fall des Arsacius Seehofer. Der Münchner Bürgerssohn hatte nach einem ersten Studium in Ingolstadt in Wittenberg bei Melanchthon und vielleicht auch bei Luther Vorlesungen besucht. Anschließend bewarb er sich in Ingolstadt als Privatdozent, musste vor seiner Zulassung aber einen Eid auf die alte Rechtgläubigkeit ablegen. Als er in seiner Paulusvorlesung 1523 auch Inhalte verwendete, die er bei Melanchthon mitgeschrieben hatte, zwang ihn der Senat der Universität, zu widerrufen, und verurteilte ihn zu einer Haftstrafe. Dagegen protestierte Argula von Grumbach, eine geborene von Stauff aus dem nahen Dietfurt, die mit Luther und anderen führenden Reformatoren wie dem Nürnberger Andreas Osiander in Kontakt stand. Sie schrieb im September 1523 einen Sendbrief an den Rektor der Universität, an den Rat der Stadt und an Herzog Wilhelm IV. in München mit der Aufforderung zur Disputation. Sie selbst wollte Seehofer verteidigen, erhielt aber keine offizielle Antwort auf ihre Herausforderung. Man erzählte sich, dass ihr Johannes Eck einen Spinnrocken geschickt haben soll, um sie in ihre Schranken als (Haus-)Frau zu verweisen. Der Theologe Georg Hauer sah sich veranlasst, von der Kanzel des Ingolstädter Münsters gegen solch »ketzerische Hündinnen« und »verzweifelte

Schälckinnen« zu predigen. Die mutige Adelige musste Dietfurt verlassen; der Magister Seehofer floh nach Wittenberg.

Auch Johannes Pettendorfer wurde ein Opfer des konfessionellen Eifers. Er hatte in Ingolstadt Theologie studiert, war nach einer Pfarrerstelle am Münster als Professor und sogar Rektor tätig gewesen und dann zum Weihbischof und Generalvikar in Würzburg aufgestiegen. 1525 hatte er sich Luthers Lehre angeschlossen und geheiratet. Die Universität Ingolstadt strich ihm daraufhin die Pension und schmähte ihn im theologischen Hörsaal offiziell als »einen Verräter des Glaubens«, denn »aus dem Hirten wurde ein Wolf und ein kotiger Eber dazu ...«

Die einst weltoffene Hochschule verwandelte sich in eine katholische Universität, in der immer deutlicher der 1534 gegründete Jesuitenorden das Sagen hatte. In der Folgezeit verließen eine Reihe prominenter Gelehrter die Bildungsanstalt, darunter bereits 1528 der Botaniker und Mediziner Leonhard Fuchs (nach ihm ist die Fuchsie benannt), später auch der Philologe Bartholomeus Amantius, der dann in Tübingen und Greifswald lehrte, und der Mathematiker und Astronom Philipp Apian, der ebenfalls nach Tübingen wechselte.

BAUERNKRIEG UND TÜRKENGEFAHR

Der Aufstand der Bauern erfasste von 1524 bis 1526 weite Teile des deutschen Reiches. Zwei Zentren befanden sich in Schwaben und Franken. Im Herzogtum Bayern blieb es dagegen ruhig. Aventin widmete sich in dieser Zeit laut seinem Hauskalender der Lektüre Homers und dem Ausbau seines Landhauses vor dem Aunkofer Tor in Abensberg. Die Bauernkriege wurden jedoch mehrmals ein wichtiges Thema für ihn: Nicht nur die kriegerischen Auseinandersetzungen, sondern vor allem auch die Schäden am Kulturgut durch die mit blindem Eifer wütende Landbevölkerung registrierte der Gelehrte voller Bedauern. Die Bauern stürmten damals die Salzburger Residenz und verwüsteten große Teile des Archivs. Aventin hätte es trotzdem für sinnvoller gehalten, wenn man die Truppen, die gegen die Aufrührer vorrückten, gegen die Türken ins Feld geschickt hätte. Die anschließende strenge

DAS ACHT STUCK: WIA S AN HANS ABGLURT UND EAHM HINGHÄNGT HAM WEIL EAHM D NEIDHAMMELN SEIN GUATTS BRATL AM FASTTOG UMS VARECKA NET VAGUNNT HAM (»Das Leben Aventins«, Blatt 8).

Bestrafung der Aufständischen missbilligte er sehr, da seiner Überzeugung nach ein Großteil von ihnen zu diesen Taten angetrieben worden war, weil sie sich ein menschenwürdiges, gottgefälliges Dasein ersehnten.

Das größte außenpolitische Problem des deutschen Reiches war damals die Gefahr, die der aggressive Expansionsdrang der Türken mit sich brachte. 1526 überwältigten die Osmanen Ungarn, 1529 verschanzten sie sich vor Wien. Der Abensberger Gelehrte sah es als seine Aufgabe, aus der Geschichte heraus Vorschläge zur Bannung der Türkengefahr zu entwickeln. Bereits 1526 hatte er eine erste Fassung seiner Schrift »Die Ursachen des Türkenkrieges« an ausgewählte Adressaten verschickt. Als die Angst vor der drohenden Invasion aus dem Osten in Bayern im Laufe des Jahres 1529 erneut an Brisanz gewann, verfasste der mittlerweile in Regensburg ansässige

Gelehrte auf Anregung des dortigen Stadtrats eine Überarbeitung seiner Schrift.

Aventin behandelt darin eingangs die Ursachen der Türkengefahr, warnt dann vor den weiteren Folgen, analysiert das Auftreten des Islams im Abendland und gibt abschließend Ratschläge zur Bekämpfung der Bedrohung. Die Gründe für die Misere liegen seiner Meinung nach im gegenwärtigen sittlichen Verfall der Christen, im Egoismus der weltlichen und geistlichen Obrigkeit und in der Uneinigkeit und Tatenlosigkeit der Verantwortlichen im deutschen Reich. »Man setzt geldnarren und finanzerisch ambtleut über die armen leut, die nur in iren sack trachten, nichts künden dan schinden und schaben, mit selzamen renken und tücken die leut um das ir bringen.« (SW 1, S. 178) Die Türken deutete er als Zuchtrute Gottes. Aventin spricht sein Mitgefühl aus für die armen Leute, die von den Vögten, Amtleuten und anderen hohen Herren unmenschlich behandelt werden. »Es ist lange her, dass nirgends in der Christenheit, in keinem Konzilium, keinem Kapitel, auf keinem Landtag und Reichstag von des gemeinen Mannes Not und Nutz die Rede gewesen ist. Überhaupt ›Parcere subiectis et debellare superbos‹ soll die Parole eines rechten und beständigen Regiments sein. Gerechtigkeit für alle! Wo diese regiert, da ist auch Friede und Einigkeit ...« (SW 1, S. 180) Er schimpft über das »unsägliche Geld«, das ohne Unterlass nach Rom fließe, statt dass man es hier für die Armen verwende und zum Krieg gegen die Türken einsetze.

Nach Ansicht des Gelehrten könne man die Situation nur in den Griff bekommen, wenn man sich auf die alten christlichen Grundsätze und moralischen Werte besinne, politische Gerechtigkeit walten lasse und im militärischen Bereich für das deutsche Reich ein ständig verfügbares Heer aufstelle. In einer weiteren Abhandlung unter dem Titel »Römisches Kriegsregiment« analysiert er die Wehrhaftigkeit des römischen Reiches, die seiner Meinung nach als Vorbild gelten könne. Zu ihrer Finanzierung sollten seinem Vorschlag zufolge die reichen kirchlichen Stiftungen herangezogen werden.

Der Hofhistoriograf brachte in dieser Schrift seine persönliche Sorge um die Zukunft des Reiches und seine Befürchtungen über die gegenwärtige Entwicklung der Kirche zum Ausdruck. Diese zeitkritische Abhandlung ist sein publizistisches Meisterstück und kann sich an agitatorischer Kraft mit Luthers Schriften messen.

Im September stand der türkische Sultan Soliman II. dann vor den Toren Wiens. Er belagerte die Stadt drei Wochen lang in der Absicht, den römisch-deutschen Kaiser zu unterwerfen. Unter den Regenten, die zur Verteidigung der Habsburger mit ihren Mannen nach Wien eilten, befand sich auch Pfalzgraf Philipp von Neuburg a. d. Donau, der Enkel von Herzog Georg dem Reichen. Eine kuriose Randnotiz zeigt, wie sehr man sich damals vor diesen Feinden fürchtete: Als der Pfalzgraf nach erfolgreicher Vertreibung der Türken mit drei erbeuteten Kamelen nach Neuburg zurückkehrte, wurden diese als »nie gesehene Bestien« vom Volk bestaunt.

ÄTZENDE KRITIK AN DER GEISTLICHKEIT

Verantwortlich für die moralische Haltlosigkeit der Christen sind für Aventin die Vertreter der katholischen Kirche selbst. In der Abhandlung über den Türkenkrieg äußert er deutlich seine Überzeugung: »Unser munich, pfaffen und bischoff füeren ain solch leben wider alle vernunft und natur, das sie ... die ergisten, unzüchtigsten, unnutzigsten leut sein. In kainer nation findt man solch wieder alle natur mißpreuch.« (SW 1, S. 189). Er greift sie als Parasiten und »die ergisten, vergiftigsten ketzer« an, als die »stolzen, ungelerten, geitigen, faulen, hurern und plutdürstigen bischoffen und pfaffen« (SW 1, S. 180f).

Besonders im Visier hatte er die Bettelorden. Ihnen gibt er vor allem die Schuld an den herrschenden Zuständen: »die plutdürstigen prediger ... die hörn ir liegens und triegens nit auf, hezten gern land und leut, fürsten und herren, gaistlich und weltlich in ainander, zaigen ursach an, die all erlogen seind und darzue erstunken ... so sie die maisten, ja fast allain ursach sein alles sterbens und verderbens, so je über die christenhait und glauben gangen ist ...« (SW 1, S. 227)

Auch in der »Baierischen Chronik« liest man über sie nichts Gutes: »... am maisten die petlermünich, so faul fräßlich sein, alles ding, was im himel hell fegfeuer geschicht, wissen wollen, so si doch gar nichts rechtsinnigs können, das zue erparmen ist, das man solch esel und narren ... über die armen christen ... mit gewalt herrschen läst« (SW 4, S. 98).

Aventin und die Lutheraner

Der Hofhistoriograf war durch seine harsche Kritik an den herrschenden Zuständen in den Verdacht gekommen, ein Lutheraner zu sein. Obwohl er mit einer Reihe von Protestanten Briefverkehr und persönlichen Kontakt pflegte, äußerte er sich jedoch nie als direkter Parteigänger Luthers und schloss sich zu keiner Zeit dem Protestantismus an. Aber er gab eindeutig den Machthabern und der katholischen Kirche die Schuld an den Glaubenskämpfen und am Niedergang des deutschen Reiches. Aventin ging es nicht um eine Aufspaltung, sondern um die Erneuerung der Kirche nach dem Vorbild der einstigen Urkirche und um die Vertiefung und Läuterung des religiösen Empfindens bei allen Christen. Er forderte die Abkehr von der Verweltlichung und Machtbesessenheit des Klerus und die Rückkehr zu den Idealen der apostolischen Armut, Einfachheit und Sittenreinheit. Die christliche Gesinnung sollte wieder als Grundstock im täglichen Leben verankert werden.

INHAFTIERUNG »OB EVANGELIUM«

1527 bildete sich in Passau eine erste Gemeinde der »Wiedertäufer«, die anfangs in aller Stille wirkte. Doch nachdem einige von ihnen im Sommer 1427 an der ersten großen Täufersynode in Augsburg teilgenommen hatten, setzte die Verfolgung ein. Herzog Wilhelm IV. forderte im Januar 1528 seinen Bruder, Herzog Ernst von Bayern, den Administrator des Hochstifts Passau, brieflich auf, gegen die Wiedertäufer vorzugehen. Daraufhin wurden alle Mitglieder der Vereinigung, die nicht

Dass neint Stuck: Wia s ihn ein gspirrt ham zwengs am Fastn oder weil de Pata z Regnspurg gmoant ham dass der ebba do a vosteckta Lutherischer war (»Das Leben Aventins«, Blatt 9).

rechtzeitig geflohen waren, im Oberhaus gefangen gesetzt. Es handelte sich um rund 35 Personen. Sie wurden verhört und teilweise gefoltert. Die meisten widerriefen ihr Bekenntnis, der Rest wurde im März 1528 hingerichtet. Auf Ketzerei stand die Todesstrafe. Nach massivem Druck durch die bayerischen Herzöge kam es sogar in der Reichsstadt Regensburg nach langem Prozess am 10. Oktober 1528 zur Enthauptung des Bürgers und Wiedertäufers Augustin Wieslberger.

Diese Verhaftungen und Urteile mussten für Aventin eine deutliche Warnung sein. Er dachte in dieser Zeit öfters daran, seine Heimat zu verlassen. Der Salzburger Kardinal Lang, der stets großen Anteil an den Forschungen des Gelehrten genommen hatte, bot ihm die Übersiedlung nach Salzburg an, die Aventin jedoch nicht annehmen wollte. Der Hofhistoriograf erkundigte sich auch bei dem Wittenberger Professor Philipp

Melanchthon, ob der sächsische Kurfürst ihm zur Unterstützung seiner Arbeit eine Pension aus den säkularisierten Klostergütern zusprechen würde. Melanchthon musste ihm dazu in seinem Antwortbrief vom September 1528 einen negativen Bescheid geben.

Tatsache war, dass Aventin schon lange mit reformatorisch gesinnten Kreisen in Regensburg und ganz Deutschland in Verbindung stand. Zu seinen Freunden zählten unter anderem der Regensburger Stadtschreiber Dr. Johann Hiltner und der Arzt Dr. Johann Hobsinger. Im März 1528 empfing er in Abensberg einen ehemaligen Regensburger Barfüßer, Erhard Zänkl, der sich als einer der ersten von seinem Orden losgesagt und geheiratet hatte.

Diese Kontakte werden wohl der eigentliche Grund gewesen sein, dass der Gelehrte auf Betreiben der katholischen Geistlichkeit wegen einer angeblichen Übertretung der kirchlichen Fastengebote in Abensberg inhaftiert und dort elf Tage gefangen gehalten wurde. Erst durch die Fürsprache seines Freundes Leonhard von Eck, der mittlerweile großen Einfluss auf die bayerische Politik ausübte und sich mit einem Protestbrief an Herzog Wilhelm IV. gewandt hatte, wurde er wieder auf freien Fuß gesetzt. In Aventins Hauskalender liest man darüber Folgendes: »7. Oktober: In der Nacht wurde ich in Abensberg wegen des Evangeliums gefangengesetzt – 18. Oktober: Ich wurde durch Leonhard von Eck befreit« (SW 6, S. 45). Nach seiner Haftentlassung reiste er nach Landshut, dann über Rohr und Schierling nach Regensburg. Dort traf er am 25. Oktober ein und verbrachte die nächsten Monate bei seinem Freund Georg Prims.

Aventin stand auch nach diesem Bruch mit seinen herzoglichen Auftraggebern weiterhin auf der Gehaltsliste des Münchner Hofes. Allerdings musste er künftig seine Entlohnung von 100 Gulden pro Jahr jedes Quartal neu beantragen. Seinem Gesuch wurde jedoch stets entsprochen.

8 Refugium in Regensburg (1528–1534)

Nach seinem Gefängnisaufenthalt entschloss sich Aventin, seinen Lebensmittelpunkt nach Regensburg zu verlagern. Vermutlich hat er die Donaustadt schon seit Schulzeiten oft und gern besucht. Hier wohnten einige gute Freunde, und er kannte Archive und Bibliotheken der Stadt bis ins Detail. Laut den Eintragungen im Hauskalender war er auch während der Arbeit an den »Annalen« und der »Baierischen Chronik« immer wieder in die Reichsstadt gekommen – wohl auch, weil es ihm in Abensberg an entsprechenden Diskussionspartnern fehlte. Zu seinen engsten Vertrauten gehörten Erasmus und Georg Prims, die aus einer wohlhabenden Regensburger Familie stammten. Der eine arbeitete als Kleriker und stand den Lutheranern nahe, der andere engagierte sich von 1522 bis 1529 als Mitglied des Äußeren Rats.

Vor allem die wertvolle Bibliothek der Reichsabtei St. Emmeram war für ihn eine ideale Forschungsstätte. Schon sein Lehrer Konrad Celtis und namhafte bayerische Historiker des 15. Jahrhunderts – Andreas von Regensburg, Hartmann Schedel und Veit Arnpeck – hatten in diesen Beständen wichtige Funde gemacht. Der vormalige Abt Erasmus Münzer, ebenfalls ein Vertrauter Aventins, hatte die Öffnung des Klosters für die humanistische Bildungsbewegung kraftvoll unterstützt. Nach dessen Tod 1517 hatte ihn der Gelehrte in seinem Nachruf als vorbildlichen Benediktinerabt eines für ganz Europa hochbedeutenden Klosters gewürdigt.

Einzelne Mitglieder des Konvents leisteten in jener Zeit auch eigene literarische Beiträge und trugen zum wissenschaftlichen Diskurs bei. Der Mönch Christophorus Hoffmann (†1534), nach seiner fränkischen Herkunft Ostrofrancus genannt, betrieb historische Forschungen und veröffentlichte Gedichte, Predigten und Flugschriften. Um ihn und den Augustinereremiten Hieronymus Streitel hatte sich damals eine Gemeinschaft von Gelehrten versammelt, eine »sodalitas litteraria«, der hauptsächlich Klostergeistliche angehörten. Als Förderer dieses Kreises betätigte sich Weihbischof Dr. Peter Krafft.

Johannes Aventinus hatte die St. Emmeramer Bibliothek im Laufe seiner zahlreichen Aufenthalte bereits systematisch durchgearbeitet und ausgewertet. Schon 1515 war er dabei auf eine Lebensbeschreibung Kaiser Heinrichs IV. und ein Exemplar des »Chronicon« von Cassiodor gestoßen (vgl. Kap. 3). Die Quelleneditionen, die Celtis und Aventin aus den Beständen der St. Emmeramer Bibliothek veröffentlichten, sollten in der Folgezeit sehr zum Ansehen des Reichsstifts als Überlieferungs- und Forschungsstätte der Geschichtswissenschaft und Literatur beitragen.

EIN LOBLIED AUF DIE REICHSSTADT

Aventin notierte in seinen Hauskalender, dass er sich im November und Dezember 1527 und zwischen November 1528 und Februar 1529, direkt nach seiner Inhaftierung, im Haus von Georg Prims in der Domstadt aufgehalten hatte. Erasmus Prims arbeitete im April 1528 für ihn als Schreiber und erstellte die Reinschrift für das zweite Buch der »Baierischen Chronik«. Das Haus seines Freundes in der Wahlenstraße an der Ecke zur Kramgasse wurde in diesen Zeiten offensichtlich zu seinem Arbeitsplatz. Damals sichtete er auch die Quellen über die Gründung und frühe Geschichte der Reichsstadt für seine Schrift »Von dem herkomen der statt Regenspurg«.

Auf den ersten Blick gehört das Werk zum Typus des humanistischen Städtelobes, in dem die patriotische Gesinnung und enge Verbundenheit des Autors zum erwähnten Ort zum Ausdruck kommt. Regensburg wird darin bezeichnet als »... die mueterstat, darauß al ander stet in disem land geporn und geschloffen sein ...« (SW 1, S. 257). Darüber hinaus lieferte Aventin aber auch eine Beschreibung der geografischen Lage der Stadt und eine Kurzfassung ihrer Geschichte in römischer und frühmittelalterlicher Zeit bis hin zu Karl dem Großen. Sein Ziel war eine genaue Analyse der bislang vorliegenden historischen Darstellungen und anschließend deren Vergleich.

Noch mehr als in den »Annales« und der »Chronik« wertete er dafür überlieferte Monumente aus. Er belegt mit Hilfe erhaltener Burgställe historisch bedeutsame Orte und weist anhand der römischen Überreste Regensburg als Sitz einer römischen Legion nach. Eine wertvolle Quelle für die nachfolgenden Forscher bilden vor allem die Inschriften römischer Grab- und Gedenksteine, die der Gelehrte im lateinischen Original festhält. In einem letzten Kapitel unter dem Titel »beschlus des buechs« spottet er über einige sagenhafte Überlieferungen, wie die Regensburger Schottenlegende und die angeblichen Beziehungen der ersten Iroschotten zu Karl dem Großen: »Es stên in der lugent drauß zu Weich S. Petter noch wol mêr lugen, als das die Schotten zu kaiser Karls zeiten her kamen solten sein … Aber wie ein alt Sprichwort ist, die welt will je betrogen sein, … selzame gedichte märl hört der gemain narret man lieber dan die wârhait.« (SW 1, 296/7). Anhand archäologischer Befunde arbeitet Aventin die römischen Wurzeln der Stadt Regensburg heraus und widerlegt die bis dahin vorherrschende Meinung, Karl der Große habe die Stadt nach einer Schlacht gegen die heidnische Bevölkerung gegründet. Auch mit den kursierenden zahlreichen Ableitungen des Stadtnamens geht er streng ins Gericht: »… ist alles ungelerter, unerfarner kuchenlatéiner tant und dumer hirntraum, alda under andern gelesen wirt, wie dies alte loblich stat siben näm gehabt …« (SW 1, S. 294).

Am Schluss spornt der Gelehrte seine Leser noch zu eigenen Nachforschungen an und wirbt für seine Methode, historische Quellen zu analysieren: »So vil dizmals von der alten löblichen statt Regenspurg. Wer mêr davon begert zu wissen, der vorsch alt brief und püecher, auch alt monument und gepeu« (SW 1, S. 297). Aventin lieferte in dieser kleinen, nur 36 Druckseiten umfassenden Schrift durch seine profunde Zusammenstellung und Auswertung aller vorhandenen Quellengattungen ein souveränes, abgerundetes Bild der Regensburger Frühgeschichte. Sie beweist erstmals die römische Vergangenheit der Donaustadt und bildet in jeder Hinsicht die Grundlage für die nachfolgende Stadtgeschichtsschreibung.

AVENTIN UND ALTDORFER

Herzog Wilhelm IV. ließ in jenen Jahren in München die Neuveste erweitern. Für die Ausschmückung der Räume zog er u. a. den in Regensburg ansässigen Maler Albrecht Altdorfer heran, der damals bereits großes Ansehen genoss. Er hatte 1505 das Bürgerrecht erworben und schon für Kaiser Maximilian I. gearbeitet. 1517 wurde er in den Äußeren Rat der Stadt Regensburg gewählt; ab 1525 war er Mitglied des Inneren Rates und Stadtbaumeister. Als man ihm zwei Jahre später sogar das Amt des Bürgermeisters anvertrauen wollte, lehnte er ab, da er gerade an einem wichtigen Auftrag für Wilhelm IV. arbeitete. In jener Zeit war er unter anderem mit der Fertigstellung des Gemäldes »Die Alexanderschlacht« beschäftigt, das auf 1529 datiert ist. Das großformatige Bild (ca. 160 x 120 cm), das heute in der Alten Pinakothek in München hängt, zeigt den Kampf der Streitmacht Alexander des Großen gegen das Heer des Perserkönigs Darius in der Schlacht bei Issos im Jahr 333 v. Chr. Man darf annehmen, dass sich der Maler während der Bearbeitung des Themas bei dem Hofhistoriografen über die Bedeutung Alexanders und die Umstände der kriegerischen Auseinandersetzung informiert hat und Aventin ihm das geschichtliche Grundwissen für seine Darstellung lieferte. Aventin war nämlich genau in dieser Zeit ausführlich mit Person und Lebensweg, Feldzügen und Schlachten Alexanders und den dazugehörigen geografischen Gegebenheiten beschäftigt. Das umfangreiche Material bildete die Grundlage für 14 Kapitel im ersten Buch der »Baierischen Chronik«, das Ende Dezember 1527 fertiggestellt wurde (siehe SW 4, S. 336ff). An der entsprechenden Stelle in den »Annalen« hatte Aventin im Gegensatz dazu nur wenige Zeilen über Alexander geschrieben.

Es bestehen auch Bezüge zwischen Altdorfers Bild und den Inhalten von Aventins Schriften »Ursachen des Türkenkriegs« (vgl. Kap. 8) und »Römisches Kriegsregiment« von 1529. Hier wie dort ist eine kaiserfreundliche Haltung spürbar. Alexander spielte als Vorbild bei der Bekämpfung der drohenden Gefahr aus dem Osten für Aventin allgemein eine große Rolle.

DER REICHSTAG IN AUGSBURG 1530

Laut Eintrag im Hauskalender ritt der Gelehrte am 14. Juli nach Augsburg, wo sich in Anwesenheit von Kaiser Karl V. die lutherischen Reichsstände zu ihrem Glauben bekannten. Unter anderem waren die bayerischen Herzöge und der sächsische Kurfürst Friedrich der Beständige und sein Historiograf Georg Spalatin angereist. Am Rande der kontroversen Debatten um Kelchkommunion und Priesterehe, die sich die Theologen um den päpstlichen Legaten Campeggi (Johannes Eck, Johannes Fabri u. a.) mit Melanchthon lieferten, trafen sich hier eine Reihe von Humanisten, die der Reformation offen gegenüberstanden. Vertreten waren Beatus Rhenanus, Konrad Peutinger, Martin Bucer und neben Aventin auch Stephan Agricola (Castenpaur), der wie der Hofhistoriograf einer wohlhabenden Abensberger Bürgerfamilie entstammte. Im Gegensatz zu dem Gelehrten, der sich ja um eine Erneuerung der alten katholischen Kirche bemühte, handelte es sich bei Agricola, einem ehemaligen Augustiner und nunmehrigen Augsburger Pfarrer, um einen glühenden Kämpfer für den lutherischen Glauben. Bucer lud Aventin bei der Gelegenheit nach Straßburg ein, damit er dort im Kreis gesinnungsverwandter Protestanten in Ruhe seine »Germania illustrata« zu Ende bringen könne (s. unten). Doch Aventin nahm dieses Angebot nicht an.

Agricola und der ehemalige Karmelit Frosch, ebenfalls aus Abensberg, mussten den Reichstag dann jedoch überstürzt verlassen, um nicht als Protestanten festgesetzt zu werden. Aventin reiste ihnen am 6. August nach Nürnberg nach. Dort traf er seinen Korrespondenzpartner Willibald Pirckheimer. Er und dessen Schwester, die Klarissenäbtissin Caritas Pirckheimer, waren langjährige Vertraute Aventins, die schon dem Freundeskreis um Konrad Celtis angehört hatten.

DIE »GERMANIA ILLUSTRATA«

Neben seinen bayerischen Geschichtswerken plante Aventin schon lange eine umfangreiche Arbeit über die historischen Stätten Deutschlands unter dem Titel »Germania illustrata«. Einen Plan für dieses Projekt hatte bereits Konrad Celtis entwickelt. Es handelte sich um ein höchst ehrgeiziges Unterfangen, galt es doch, damit das Geschichtswerk der »Italia illustrata« des Flavio Biondo zu überbieten. Die deutschen Humanisten, allen voran Celtis, wollten beweisen, dass die deutsche Kultur, die bei italienischen Humanisten (und auch bei einigen deutschen Gelehrten!) als traditionslos und barbarisch verschrien war, der italienischen Kultur in nichts nachstand.

Das Werk, das Aventin vor Augen hatte, war als historisch-topografische Beschreibung Deutschlands gedacht; es sollte aus zehn Büchern bestehen und eine detaillierte Bestandsaufnahme des von allen Seiten bedrohten Vaterlandes in Vergangenheit und Gegenwart liefern. Eine Weltkarte, die alle großen Schlachten der Römer, Griechen und Deutschen verzeichnete, war, wie man im Inhaltsverzeichnis nachlesen kann (vgl. SW 1, S. 308), als Beilage gedacht.

Aventin konnte im Rahmen dieses gewaltigen Unterfangens nur das 1. Kapitel, das die deutsche Urgeschichte behandelte, abschließen. Allerdings gelang ihm darin, mit Hilfe der neuentdeckten »Germania« des Tacitus und der Texte anderer antiker und mittelalterlicher Autoren eine detaillierte Genealogie der deutschen Urkönige aufzustellen, die bis in die biblische Geschichte zurückreicht. Damit übertrumpfte er die Italiener und präsentierte zur Freude aller deutschen Humanisten das deutsche Volk als Urvolk des Abendlandes. Zugleich hatte er damit die wenig schmeichelhafte These des Elsässers Jakob Wipfeling widerlegt, der zufolge die Deutschen von den Trojanern abstammen sollten. Die Bayern, die Aventin mit den keltischen Bojern gleichsetzte, erhielten innerhalb dieser glanzvollen Vergangenheit eine herausragende Rolle.

Ab Februar 1531 arbeitete der Gelehrte intensiv an diesem Projekt. In der Einleitung, die er in diesen Wochen verfasste, rühmte Aventin ausgiebig seinen Gönner, den Salzburger Erzbischof Kardinal Matthäus Lang, und schilderte die umfangreiche freundschaftliche und finanzielle Unterstützung, die dieser ihm gewährt hatte. Kardinal Lang befand sich zur gleichen Zeit gerade in Regensburg. Es war nämlich zur Abwehr der erneuten Türkengefahr ein Kreistag einberufen worden, an dem er teilnahm. Bei dieser Gelegenheit lud er Aventin zu sich an den Salzburger Hof ein. Der Gelehrte wird ihm damals sicher über die Arbeit an seinem Werk und die geplanten Inhalte berichtet haben.

Laut Notiz im Hauskalender besuchte im Oktober desselben Jahres ein Bote des Kardinals, der sich gerade in Mühldorf am Inn aufhielt, Aventin. Der Historiker gab ihm Abschriften seiner Werke mit, darunter vermutlich auch die ersten Texte der »Germania illustrata«. Lang verwahrte sie in der Folgezeit in Salzburg.

Das 1. Kapitel der »Germania illustrata« wurde 1541 von Caspar Bruschius im Druck herausgegeben und rief bei den Zeitgenossen ein großes Echo hervor.

Das italienische Vorbild – Flavio Biondo

Flavio Biondo (1392–1463), der sich Flavius Blondus nannte, ein italienischer Humanist und Archäologe, gehört zu den ersten Gelehrten, die versuchten, sich das Wissen um die Vergangenheit methodisch zu erarbeiten.

Biondo machte zunächst eine Ausbildung zum Notar, studierte anschließend und war ab 1410 in mehreren Kanzleien tätig. In Mailand entdeckte er das Manuskript zu Ciceros Dialog »Brutus«. 1432 ernannte ihn Papst Eugen IV. zu seinem Kanzleisekretär. In dieser Funktion begleitete Biondo den Papst ins Exil, nach Ferrara und Florenz und kehrte mit ihm nach Rom zurück. Nach dem Tod des Papstes blieb er in den Diensten von dessen Nachfolgern Nikolaus V., Calixtus III. und Pius II. Er entwickelte sich zum Experten für römische Altertümer und sammelte unzählige Materialien für seine historischen, antiquarischen und topografischen Arbeiten. Biondo schrieb drei Enzyklopädien, die die Grundlage aller folgenden Bücher über die römische Archäologie und die antiken Bauten bildeten: »Romæ Instauratæ Libri Tres« (1482); eine topografische Beschreibung Roms mit einer Liste der christlichen Bauten. »Romæ Triumphantis Libri Decem« (1482); eine kulturhistorische Beschreibung des antiken Roms. »Historiarum ab Inclinatione Romanorum Imperii« (Venedig, 1483); die Geschichte Italiens vom Ende des Römischen Reiches bis zum Jahr 1440. Seine Einteilung der Weltgeschichte in die Epochen Klassik, Mittelalter und Gegenwart wurde zum Vorbild. Biondo übernahm jedoch oft noch Quellen und Überlieferungen ohne nähere Überprüfung ihres Wahrheitsgehalts. In der »Italia Illustrata«, seinem bekanntesten Werk, das 1474 erschien, hatte er alle historisch bedeutsamen Stätten Italiens verzeichnet und beschrieben.

FAMILIENGRÜNDUNG UND TOD

»Ich habe damit begonnen, ein Familienleben zu führen«, heißt es im Hauskalender lapidar unter dem Datum des 25. Juni 1529 (SW 6, S. 45). Im Alter von fast 52 Jahren entschloss sich der Gelehrte zu einer Lebensgemeinschaft mit der schwäbischen Magd Barbara Fröschmann aus Niederrieden (Amtsgericht Ottobeuren). Sie lebte damals in Regensburg bei Verwandten. Als er zu kränkeln anfing, war sie anfangs bei ihm als Pflegerin und Hausmagd beschäftigt. Aventin fügte in seinen Hauskalender zum Ende des Jahres 1529 ein Testament ein, das seine Lebensgefährtin als rechtmäßige Ehefrau legalisierte und sie begünstigte: »Ich Io. A. bairisch fyrstl. geschichtsscheiber beken mit diser meiner aigen handschrift und aufgedruckter petschafft, das ich, wies got geordnet und geschickht hat, zu der e genummen hab die erbare tugentsamliche zychtige junkfrau B. Fröschman von Niderryeden …« (SW 6, S. 48).

Ab dem Frühling 1531 wohnte der Gelehrte zentral zwischen Haid- und Arnulfsplatz in der Engelburgergasse, wo er am 20./23. Februar 1531 von Ruprecht Unterholzer um 140 Gulden ein Haus erworben hatte, das er jedoch bereits zwei Jahre später, am 7. Januar 1433, um zehn Gulden teurer an Wolfgang Hagen wieder veräußerte (heute Haus Nr. 14; Anfang des 20. Jahrhunderts baulich verändert). Heute erin-

Das zehent Stuck: Wia 1529 der kreuzbrave und grundgscheide Mo mit 52 Johr no heirat und wo se na rausstellt dass Hoor af de Zähn ghabt hot de Seinige (»Das Leben Aventins«, Blatt 10).

nert hier eine Gedenktafel an den Aufenthalt des Gelehrten in der Domstadt.

Um seine zunehmenden körperlichen Gebrechen zu kurieren, nutzte Aventin gern die Heilkraft der örtlichen Schwefelquellen. Sie treten in den Braunkohleflözen rund um Kelheim mehrfach auf und waren zu jener Zeit – wie im Fall von Bad Gögging und Bad Abbach – schon seit Jahrhunderten bekannt. Abensberg besaß ebenfalls ein »wiltbadt«, auch »Stinkerbrunnen« genannt, das seit 1441 urkundlich belegt ist.

Von 31. Mai bis 9. Juni 1531 hielt sich der Gelehrte zur Erholung in Bad Abbach auf. Am 18. Juni kam seine Tochter Gisela zur Welt, starb jedoch bereits nach wenigen Wochen, am 3. September 1531. Als Taufpatin des Mädchens ist Anna, die Frau des mit Aventin befreundeten Arztes Dr. Georg Hobsinger, in den Matrikeln verzeichnet. In dessen Besitz befand sich von

1528 bis 1534 das Wild- und Heilbad Bad Abbach. Sogar Kaiser Karl V. stattete ihm einen Besuch ab, als er 1532 am Reichstag in Regensburg weilte, um die neue Strafrechtsordnung Constitutio Criminalis Carolina zu verabschieden. Hobsinger sympathisierte mit den Regensburger Lutheranern. Seine Tochter Eva sollte 1544 den protestantischen Prediger Nikolaus Gallus heiraten, der in der evangelisch gewordenen Reichsstadt am Aufbau des Kirchenwesens mitarbeitete und später zum Superintendenten aufstieg.

Zwei weitere Kinder entstammten der Verbindung Aventins und seiner Frau: Der Sohn Karl starb 1532. Eine weitere Tochter, ebenfalls Gisela genannt, kam erst wenige Wochen vor dem Tod des Gelehrten zur Welt. Sie sollte den Vater überleben und ehelichte 1555 in der Neupfarrkirche den Juristen Gabriel Weinmayr.

Zeitgenossen berichten, dass der Hofhistoriograf in den letzten Jahren stark angefeindet wurde und darauf mit zunehmender Resignation und Verbitterung reagierte. Am 23. März 1533 konnte Aventin nach elf Jahren endlich seine »Baierische Chronik« abschließen. Die Tatsache, dass er sein Lebenswerk, die »Annalen« und die »Baierische Chronik«, nicht im Druck erscheinen lassen durfte, musste ihn zweifellos zutiefst gekränkt haben.

Im September 1533 erhielt Aventin das Angebot von Kanzler Leonhard von Eck, sich um die Erziehung und die Studien seines Sohnes Oswald von Eck zu kümmern. Aventin nahm diese Stellung an und begleitete seinen neuen Schüler an die Hohe Schule zu Ingolstadt. Während der Weihnachtszeit reiste er von Ingolstadt nach Regensburg, um die Feiertage mit seiner Familie zu verbringen. Auf dem Ritt durch eisiges Winterwetter zog sich der Gelehrte jedoch eine Erkältung zu und erkrankte daran so schwer, dass er am 9. Januar 1534 im Alter von 56 Jahren in Regensburg verstarb.

DIE GRABSTÄTTE IN ST. EMMERAM

Die Mönche der alten Reichsabtei St. Emmeram, in deren Bibliothek Aventin viele Stunden seines Lebens verbracht hatte,

Das eilft Stuck: Wia an Aventin im Jor 1534 no net amal ganze 57 Jahr alt z Rengspurg drinn da Tod übarascht hot und wo na d Amsperger vui gschmazt ham (»*Das Leben Aventins*«, Blatt 11).

bereiteten ihm auf ihrem Friedhof gegenüber dem Glockenturm seine letzte Ruhestätte. Das Renaissancemonument aus weißem Marmor war ursprünglich an der Sakristeimauer angebracht; seit 1813 befindet es sich an der Westwand der Vorhalle. Es stammt vermutlich von dem Bildhauer Leonhard Sinninger, der von 1528 bis 1538 in Ingolstadt und ab 1543 in Regensburg nachweisbar ist.

Sein Epitaph zeigt ein Brustbild des Gelehrten mit Doktormantel und Barett. Die verschränkten Hände liegen auf drei mächtigen Folianten, die auf sein umfassendes Wissen anspielen. Volles Haar und dichter Bart umrahmen das Gesicht. Die strenge, skeptische Miene charakterisiert Johannes Aventinus als mahnenden Zeitgenossen. Trauernde Putten umgeben ihn. Auf den seitlichen Spruchbändern liest man zwei Lieblingszitate des Gelehrten, deren Aussagen an die Vergänglichkeit des

Epitaph für Aventinus im Vorhof der ehemaligen Benediktinerklosterkirche St. Emmeram in Regensburg.

menschlichen Daseins erinnern: »Nascentes morimur« (»Kaum geboren, beginnen wir zu sterben«) und »Homo bulla est« (»Der Mensch ist eine Seifenblase«). Im Halbkreis des Bogens steht: »Scio, quod redemptor meus vivit et in novissimo die de terra surrecturus sum. IOB 19.25« (»Ich weiß, dass mein Erlöser lebt und dass ich am Jüngsten Tag auferstehen werde. IOB 19.25«).

Die lateinische Inschrift unter dem Brustbild würdigt Aventins Lebenswerk aus der Sicht der Zeitgenossen: »D(eo) o(ptimo) m(aximo) / Ioannes Aventinus, vir singulari eruditione, fide ac pietate praeditus, patriae suae ornamento, exteris admirationi fuit, Boioriae et Germaniae studioissimus, rerum antiquarum indagator sagacissimus, verae religionis omnisque honesti amator, cui hoc monumentum ad posteritatis memoriam positum est. / Obiit V. idus Januarii anno MDXXXIIII.« (»Lobpreis dem Allerhöchsten / Johannes Aventinus, begabt mit einzigartiger Bildung, Glaubenstreue und Frömmigkeit, gereichte seiner Heimat zur Zierde und wurde von Fremden bewundert. Besonders bemühte er sich um Bayern und Deutschland und war ein höchst scharfsinniger Erforscher der Vergangenheit. Er liebte den wahren Glauben und die sittliche Würde. Ihm ist dieses Denkmal gesetzt zum Gedächtnis der Nachwelt. / Er starb am 9. Januar 1534.«)

Den Grabstein des berühmten Abensberger Gelehrten gaben weder der bayerische Hof noch die Stadt Regensburg in Auftrag. Ein Freund Aventins übernahm diese Aufgabe. Der Straubinger Stadtsyndikus und spätere Regensburger Domherr Johannes Teylenk / Theilenkäß (Delicasius) wählte als Vorlage für die Gestaltung einen Holzschnitt von Hans Burgkmair, der für das Grabmal von Aventins Lehrer Konrad Celtis verwendet worden war. Dies war sicher im Sinne des verstorbenen Hofhistoriografen. Wie bei Celtis stellt die Inschrift die Leistungen Aventins in den Mittelpunkt, nennt ihn einen besonders scharfsinnigen Erforscher der Geschichte und ausdrücklich auch einen Freund des wahren – katholischen – Glaubens.

STREIT UM DEN NACHLASS

Wie begehrt die Forschungsergebnisse des Gelehrten bei seinen Zeitgenossen waren, zeigt der Kampf um sein schriftstellerisches Erbe, der unmittelbar nach seinem Tod einsetzte. Der Stadtrat hatte der Witwe sofort das Bürgerrecht zugesprochen, damit sie und vor allem der Nachlass ihres Mannes unter den Schutz der Reichsstadt gestellt werden konnten. Noch am Todestag nahm eine amtliche Delegation das Inventar der Hinterlassenschaft auf, um es vor Diebstahl zu schützen.

Eine Woche später erschien bereits der Abensberger Stadtschreiber Dietrich Jung im Auftrag der bayerischen Herzöge in Regensburg. Er sollte das wissenschaftliche Werk Aventins für die Wittelsbacher sichern. Wolfgang Trainer, herzoglicher Mautner in Regensburg, und Hofkaplan Johann Landtsperger wurden in derselben Angelegenheit tätig. Die Gesandten der Regenten erhielten später zwar einige gebundene und ungebundene Teile der »Annalen« und der »Baierischen Chronik«, doch ein Großteil von Aventins Schriften scheint damals nicht in herzoglichen Besitz gekommen zu sein.

Neben seinen Werken hinterließ der Gelehrte auch ein ansehnliches Vermögen. In dem Verzeichnis des Stadtschreibers Hanns Reysolt sind unter anderem ein Haus in Abensberg und ein Bauerngut in Haunsbach genannt, die Zinsen abwarfen. Weiter umfasste die Liste Möbel, Geschirr, Kleidung, eine Münzsammlung und natürlich ein ganzes Konvolut an Büchern.

Trotz ihrer nachfolgenden jahrhundertelangen Unterdrückung gehören die Werke des Abensbergers, allen voran seine »Baierische Chronik«, heute zum Grundbestand bayerischer Literatur. Johannes Aventinus war einer der bedeutendsten Wissenschaftler und Schriftsteller seiner Zeit und hat mehr als jeder andere deutsche Humanist die Nachwelt beschäftigt und geprägt. Durch seine Persönlichkeit und sein geistiges Format spiegelt sich in seiner Biografie die Umbruchszeit zwischen Mittelalter und Neuzeit in besonderer Vielfalt und Intensität.

9 Aventin und die Nachwelt

Die Auseinandersetzung mit der Person und dem Werk von Johannes Aventinus setzte unmittelbar nach seinem Tod ein. Humanistenkreise und erste Biografen äußerten sich begeistert über die wissenschaftliche Leistung des einstigen Hofhistoriografen. So verfasste Caspar Bruschius in seiner Edition der »Chronica von ursprung, herkomen und taten der uralten Teutschen«, die 1541 in Nürnberg erschien, eine Vita des Gelehrten, in der er unter anderem schrieb: »… hat er der uralten Teutschen herkomen, historien und lobliche geschicht fast herrlich, dergleichen zuvor von keinem geschehen, ans liecht gebracht, darumbt im ganz Teutschland vil lobs und danks schuldig ist …« (SW 1, S. 303).

Doch in Bayern sollte von seinem Hauptwerk, den »Annales«, nach dem Druck einer zensierten Fassung 1554 bis zum Ende des 19. Jahrhunderts keine weitere Ausgabe erfolgen (siehe Kap. 6). Die 1566 erstmals in Frankfurt herausgegebene »Baierische Chronik« erlebte nur außer Landes Neuauflagen: 1580 und 1615 in Basel und 1627 wiederum in Frankfurt.

Während man den bayerischen Historiker deutschlandweit entdeckte, gehörte er in seiner Heimat schon wenige Jahrzehnte nach seinem Tod zu den Geächteten. Im Zuge der erstarkenden Gegenreformation gewannen nämlich bald kritische Stimmen die Oberhand, die Aventins Angriffe gegen die katholische Kirche zum Anlass nahmen, ihn als Ketzer zu brandmarken und sein ganzes Schaffen zu verteufeln. Seine Werke waren hier bis ins 17. Jahrhundert verboten. Anton Wilhelm Ertl schrieb noch in seinem 1687 in Nürnberg gedruckten Kupferstichwerk über das Kurfürstentums Bayern bei der Abbildung von Abensberg: »Wann Aventin seine allzuhitzige Feder ein wenig in Zaum gehalten / und die verehrungswürdige Geistlichkeit nicht durchgehends also schimpflich angetastet hätte / wolte ich desselben unsterblichen Namen gern eine ewige Bildsäul aufrichten / und selbe mit allerhand herzlichen Lobsprüchen vergülden lassen.«

NACHFOLGENDE GESCHICHTSSCHREIBUNG AM BAYERISCHEN HERZOGSHOF

Aventin hatte den Wittelsbachern ein unbequemes Erbe hinterlassen (vgl. Kap. 6). Die Auseinandersetzung mit seinem Werk wurde zum Angelpunkt für die späthumanistische und barocke Geschichtsforschung und -schreibung in Bayern. Herzog Wilhelm V. (1579–1597) gab bei seinem Archivar Michael Arrodenius eine historische Abhandlung in Auftrag, die Aventins Kritik an der alten Kirche souverän entkräften sollte. Dafür erhielt er – genauso wie der Abensberger Gelehrte damals – ein Empfehlungsschreiben, das ihm alle Archive des Landes zugänglich machen sollte. Doch es zeigte sich, dass Arrodenius der Aufgabe nicht gewachsen war.

Herzog Maximilian (1597–1651, ab 1623 Kurfürst) förderte ebenfalls intensiv die Geschichtsschreibung seines Landes. Die Historiker in seinem Umkreis forschten jedoch nicht wie Aventin vor Ort, sondern ließen sich die Dokumente per Anweisung an den Münchner Hof senden.

Der Augsburger Stadtpfleger Markus Welser (1558–1614) trat in Wettstreit mit Aventins Lebenswerk und konnte ihn teilweise übertrumpfen: Weit kritischer als der Abensberger widmete er sich vor allem der frühen Geschichte Bayerns. Er verzichtete auf alles Sagenhafte und wertete die vorhandenen Quellen äußerst sorgfältig aus. Doch sein schriftlicher Ausdruck konnte nicht annähernd mit den treffsicheren und mit Herzblut verfassten Abhandlungen Aventins konkurrieren.

Nach dessen Tod ging die offizielle bayerische Geschichtsschreibung in die Hand der Jesuiten über. Matthäus Rader (1561–1634) sollte das Werk Welsers, die »Rerum Boicarum libri quinque«, zu Ende führen, kam aber dabei in Konflikt mit der Ordensleitung und musste die Tätigkeit abbrechen. Sein Schüler Jakob Keller, ebenfalls Jesuit, folgte ihm 1622 im Amt des kurfürstlichen Historiografen. Er verfasste bis 1635 drei Bände unter dem Titel »Annales virtutis et fortunae Boiorum«, die jedoch nur die Zeit bis zum Jahr 1314 behandelten, da der Autor bei der Führungsriege der Jesuiten mit seiner Darstellung der Auseinandersetzung zwischen Kaiser Ludwig dem

Dass letzt Stuck: Wo s am Hans ganga is wia de Meisten: Erscht wia er dod war hams gschpant dass da Aventin da berühmteste vo da Stadt Abensperg gwen is (»*Das Leben Aventins*«, Blatt 12).

Bayern und Papst Johannes XXII. aneckte. Unter Verwendung des von ihm gesammelten Materials wurden die »Annales« dann von Nicolaus Burgundus und Johannes Vervaux SJ (1590–1661) fortgesetzt.

»VATER DER BAYERISCHEN GESCHICHTE« – DIE POLITISCHE BEDEUTUNG AVENTINS IM KÖNIGREICH BAYERN

Erst die freiere, von der Aufklärung beeinflusste Geisteshaltung in der zweiten Hälfte des 18. Jahrhunderts ermöglichte in Bayern einen neuen Zugang zum Werk Aventins. Er wurde nun zum Vorbild für die patriotische Wissenschaftspflege. Auf der Suche nach einer historischen Begründung bayerischen Königtums entdeckten auch die Staatsrechtler der Kurfürsten den Abensberger Gelehrten. Er hatte wie kein anderer eine glanzvolle Geschichte Bayerns seit den Anfängen entworfen und konnte der dynastischen Legitimation des Hauses Wittelsbach dienen. 1763 würdigte Hofbibliothekar Andreas Felix von Oefele als einer der Ersten Johannes Aventinus als »Vater der bayerischen Geschichte«.

Die Historiker der 1759 gegründeten Churbayerischen Akademie der Wissenschaften in München nahmen sich die methodische Quellenforschung Aventins zum Vorbild und setzten sie konsequent um. Systematisch wurden Archive im ganzen Land bearbeitet und neu entdeckte Schriften durch Veröffentlichung allgemein zugänglich gemacht. Nach der Umwandlung in die »Königliche Akademie« 1807 führte man die Tradition der Aventinfeiern ein. Carl Friedrich Breyer hielt auf der ersten Sitzung eine Festrede unter dem Titel »Über Aventin, den Vater der baierischen Geschichte.«

Person und Charakter des Abensberger Gelehrten waren bestens geeignet, um von der romantischen Bewegung zum Vorbild des idealen deutschen Mannes stilisiert zu werden. Schon 1810 äußerte sich Johann Wolfgang von Goethe in seinem Buch über die Farbenlehre begeistert über die erzieherischen Qualitäten von Aventins Schriften: »Wer das menschliche Herz und den Bildungsgang des Einzelnen kennt, wird nicht in Abrede stellen, dass man einen trefflichen Menschen tüchtig heranbilden könnte, ohne dabei ein anderes Buch zu gebrauchen als Tschudis schweizerische oder Aventins bayerische Geschichte.«

Johannes Aventinus erfuhr damals von offizieller Seite die höchsten Würdigungen, die das Königreich Bayern zu vergeben hatte. Seine Büste gehörte zur ersten Riege der herausragenden Persönlichkeiten, die König Ludwig I. in der Walhalla bei Donaustauf aufstellen ließ. Der Oberpfälzer Bildhauer Anton Horchler schuf sie ein Jahr vor der Eröffnung des Bauwerkes 1842. Zusätzlich erhielt er auch in der Ruhmeshalle in München, die 1853 fertiggestellt war, einen ehrenvollen Platz. Dafür wurde ein Bildwerk verwendet, das der Dresdner Bildhauer Ferdinand Pettrich, der Sohn des sächsischen Hofbildhauers und Akdemieprofessors, bereits 1826 in Rom angefer-

Kopie der 1826 von Ferdinand Pettrich angefertigten Aventin-Büste aus der Ruhmeshalle in München.

tigt hatte. Der Auftraggeber könnte König Ludwig I. selbst anlässlich einer seiner vielen Italienreisen gewesen sein. Diese Büste wurde 1944 zerstört; eine Kopie besitzt das Stadtmuseum Abensberg.

Das von König Maximilian II. initiierte und 1867 eröffnete Bayerische Nationalmuseum an der Maximilianstraße (jetzt das »Museum Fünf Kontinente«) sollte nach dem Willen des Regenten der Geschichte Bayerns und des Hauses Wittelsbach gewidmet sein. Für die Ausschmückung der Räume erhielt der Historienmaler Max von Menz (1824–1895) den Auftrag für drei Wandgemälde. Darunter befand sich auch eine Darstellung des Johannes Aventinus als Lehrmeister der beiden Prinzen Ludwig und Ernst (s. S. 40).

Im Zuge dieser Welle an Verehrung, die man Aventin in Bayern unter Ludwig I. und seinen Nachfolgern im Amt entgegenbrachte, entstand auch eine ausführliche und quellenkritisch erarbeitete Biografie des Gelehrten von Theodor Wiedemann, die in großen Teilen heute noch Gültigkeit hat. Er veröffentlichte sie 1858 unter dem Titel »Johann Turmair, genannt Aventinus, Geschichtsschreiber des bayerischen Volkes«.

Auch außerhalb Bayerns spielte der Abensberger Gelehrte im 19. Jahrhundert eine große Rolle. Zum Beispiel bekannte sich der Historiker Leopold von Ranke (1795–1886), ab 1841 Historiograf des preußischen Staates, zu Aventinus als seinem wissenschaftlichen Ahnherrn: »Er begann die Arbeit der gründlichen Erforschung und lebendigen Durchdringung der allgemeinen Geschichte, in der wir heute noch begriffen sind«.

»... EIN UNERREICHBARES DENKMAL DEUTSCHEN FLEISSES ...« – AVENTINEHRUNG IM PATRIOTISCHEN ÜBERSCHWANG

Johannes Aventinus war eine Leitfigur für die im ganzen Land entstehenden Geschichtsvereine. Christian Gottlieb Gumpelzhaimer, der 1. Vorsitzende des Historischen Vereins für den Regenkreis (heute: Oberpfalz und Regensburg), bezog sich in seiner Vorrede zum ersten Verhandlungsband 1831 auf Aventins einstige Ingolstädter Gelehrtengesellschaft und definierte den Verein in der Nachfolge aventinischer Wissenschaft. Im selben Heft erschien eine Abhandlung über Aventins Wohnstätten in Regensburg; im dritten Band dann Aufsätze über sein Grab in St. Emmeram und seinen Hauskalender.

Der 1830 gegründete Historische Verein von Niederbayern verfolgte seit Anfang der 1850er-Jahre verstärkt die Idee, dem berühmten Niederbayern in seiner Geburtsstadt Abensberg ein würdiges Denkmal zu setzen. Für dieses Vorhaben erfolgten in ganz Bayern Spendensammlungen durch den Verein. Der königliche Landgerichtsarzt Dr. Schlagintweit pries in einer vom Verein veröffentlichen Abhandlung Aventin und sein Hauptwerk in überschwänglichen Worten: »Die Annales Bojorum – das unsterbliche vaterländische Geschichtswerk, welches Johann Aventin, ein in der Schule der großen Alten erzogener, auf weiten Reisen durch eine großartige Weltanschauung gebildeter und mit einem Gemüthe voll edler Leidenschaft begabter Mann als ein unerreichbares Denkmal deutschen Fleißes und hochherziger männlicher Gesinnung seinem Volke

```
   A      B      U      S      I      N      A
B  ekränze Dich mit zarten Blumen, schmuckem Eichenlau  B
U  mstrahlt von Ruhm als Wiegenstätt' Aventini bist D  U
ein Name ewig lebt im Mund' des deutschen Vaterland'   S
I  hm, Bayerns Forscher, — sollst am Vierten des Jul   I
   N  ach viermal hundert Jahren Du das Wiegenfest begeh' N
   A      B      U      S      I      N      A
```

Loblied auf Abensberg als Geburtsort Aventins, 1877.

hinterlassen hat – sind, gleich der irdischen Hülle ihres Urhebers, zu Abensberg ans Licht der Welt getreten«.

Am 12. Oktober 1861 fand das denkwürdige Ereignis statt. Schon im Vorfeld hatte man die Stadttore, Plätze und Häuser von Abensberg mit Blumen, Girlanden, Fähnchen und Sinnsprüchen geschmückt. Die ehemalige Turmair'sche Taverne wurde dabei natürlich besonders ausgezeichnet: »Das mutmaßliche Vaterhaus Aventin's auf dem Hauptplatz, nun in Besitz des Poststatthalters Sulzbergers, das mit trefflichem Bilde des Geschichtsschreibers von Maler Stahl aus Regensburg geziert war, umgeben von der Inschrift:

Von diesem schlichten Bürgerhaus
Ging einstens eine Leuchte aus,
Die spendete der Wahrheit Schein
In Bayern und alle Welt hinein.«

Da der Termin auf den Namenstag von König Max II. fiel, veranstaltete man eine »here Doppelfeier, die dem Vater des Vaterlandes und dem Vater der bayerischen Geschichte gelten sollte«. Nach Eintreffen der Festgäste und dem gemeinsamen Gottesdienst formierte sich der Festzug, an dessen Spitze ein Herold zu Pferde mit dem Stadtbanner ritt, gefolgt von Ehrengarden, Trompetern mit »jubelnden Fanfaren«, kostümierten Knaben, die Bücher von Johannes Aventinus mit sich trugen,

Der 450. Geburtstag des Gelehrten gab 1927 Anlass zu Feierlichkeiten am Aventinus-Denkmal.

weiß gekleideten Mädchen und Jungfrauen mit Kränzen, eine Landwehr-Kompanie mit der Bataillonsmusik, staatlichen Würdenträgern und einer »auserlesenen Schar von gelehrten Männern«. In zahlreichen Reden würdigte man die vorbildliche Persönlichkeit Aventins: »... ein ausgezeichneter Familien-Vater, ein einfacher, sittenreiner Mann, lediglich der Wissenschaft lebend; bei den damaligen religiösen Wirren ein strenger und scharfer Kritiker seiner Zeit und ihrer Verhältnisse, ein deutscher Mann im vollen Sinne des Wortes, voll Liebe für seine Landesfürsten ...«

Der Historische Verein hatte die Statue des Gelehrten bei dem Landshuter Bildhauer Maximilian Puille, einem Schüler des berühmten Münchner Klassizisten Ludwig Schwanthaler, in Auftrag gegeben. Sie kam auf dem ehemaligen Paradeplatz vor dem Abensberger Schloss zur Aufstellung und wurde an diesem Tag der Stadt feierlich übereignet. Auf dem Sockel des Standbilds brachte man folgende Inschriften (s. Abbildung auf S. 82) an:

»Johann Thurmayer genannt Aventinus. Welcher hier in seiner Vaterstadt die Jahrbücher der Bayern im Jahre 1519 begonnen und im Jahre 1521 vollendet hat.« / »Errichtet aus dem Ertrage einer Sammlung im Königreiche Bayern am 12. Oktober 1861.«

1877: DER 400. GEBURTSTAG UND DIE ERSTE WERKAUSGABE IN BAYERN

Die Bayerische Akademie der Wissenschaften in München feierte den 400. Geburtstag Aventins mit einem Festakt. Präsident Ignaz von Döllinger, ein Kirchenhistoriker, widmete sich dabei in seiner Ansprache »Aventin und seine Zeit« dem schwierigen Thema der Haltung Aventins in der geistig-religiösen Entwicklung seiner Epoche.

Nach den Festlichkeiten kam der Wunsch auf, endlich eine Gesamtausgabe von Aventins Schriften zur Verfügung zu haben. Den letzten Anstoß dazu gab die Initiative von Professor Baumgarten aus Straßburg, der beabsichtigte, zu diesem Zweck sogar einen eigenen Verein zu gründen. Nun sah es die Königliche Akademie der Wissenschaften in München als ihre Ehrenpflicht an, diese Aufgabe selbst in die Hand zu nehmen. Die Gründe für diese erste Werkausgabe waren daher weniger wissenschaftlicher als vielmehr politischer Natur. Eine eigens berufene Kommission entwarf den Plan und vergab die Bearbeitung der einzelnen Schriften. Das Vorhaben konnte mit Hilfe der großzügigen Finanzierung durch König Ludwig II. in die Tat umgesetzt werden. Von 1880 bis 1908 erschien das (vorläufige) Gesamtwerk Aventins in sechs Bänden bei Christian Kaiser in München unter dem Titel »Johannes Turmair's genannt Aventinus sämmtliche Werke / auf Veranlassung Seiner Majestät des Königs von Bayern herausgegeben von der K. Akademie der Wissenschaften«.

Darin wurden nun zum ersten Mal die meisten der Schriften Aventins, darunter auch die »Germania illustrata«, soweit sie handschriftlich vorlag, zusammen mit der von Aventin angefertigten Inhaltsübersicht (Indiculus) über das beabsichtigte Gesamtwerk, ungekürzt abgedruckt. Den Auftakt bildete eine Lebensbeschreibung des Gelehrten, verfasst von Wilhelm Vogt

(SW 1, I–LIX). Die ersten fünf Bände gab Sigmund von Riezler, den sechsten Georg Leidinger im Auftrag der Bayerischen Akademie heraus.

In Abensberg erhielt der örtliche Bildhauer Gallus Weber den öffentlichen Auftrag, eine Gedenktafel für Aventins Geburtshaus anzufertigen. Sie erhielt folgende Inschrift: »Johannes Turmair, genannt Aventinus, Vater der bayerischen Geschichte, wurde am 4. Juli 1477 in diesem Hause geboren«.

WÜRDIGUNGEN IM 20. JAHRHUNDERT

Mit dem Untergang der Monarchie in Bayern verlor Johannes Aventinus vorerst seine politische Bedeutung. Das 450. Geburtstagsjubiläum 1927 beging die Stadt Abensberg mit einer zweitägigen Aventin-Feier vom 9. bis 10. Juli 1927. Dazu erschienen kolorierte Künstlerkarten, Fest-Postkarten und Festbroschüren. In der darauffolgenden Epoche des Faschismus wurden auch die Person und das Werk des Geschichtsschreibers für die totalitären Machtansprüche und die Blut-und-Boden-Ideologie der Nationalsozialisten missbraucht.

Zum 500. Geburtstag von Johannes Aventinus 1977 feierte die Kommission für bayerische Landesgeschichte an der Bayerischen Akademie der Wissenschaften zugleich ihr 50-jähriges Bestehen und brachte zu beiden Jubiläen eine Festschrift heraus, die in den Heften 2 und 3 des 40. Jahrgangs der Zeitschrift für Bayerische Landesgeschichte erschien. Die Kommission definierte sich darin kraft ihres Auftrags als Erbin und Sachwalterin von Aventins Bestrebungen um eine wissenschaftliche bayerische Geschichtsschreibung. Karl Bosl, der damalige erste Vorsitzende der Kommission, bezeichnete Aventin als einen »um Gott, Willensfreiheit, Wahrheit und Menschsein ringenden bayerischen Historiker« und verwies auf seine weitreichende Bedeutung: »In seiner beruflichen, persönlichen und geistig-moralischen Entwicklung klingen niederbayerische Heimat, bayerische Landesherrschaft, fränkische Anregung, reichische und deutsche Gesellschaft und Kultur zusammen (...). An keiner anderen bayerischen Gestalt lässt sich der deutsche, europäische, universale Bezug des gemein Bayerischen und das

Titelblatt der Abensberger Festschrift zum 500-jährigen Geburtstagsjubiläum Aventins.

Eingebettetsein aller großen bayerischen Geschichte und Geisteskultur in die großen Zusammenhänge exemplarischer zeigen als an dem Vater der neuzeitlichen bayerischen Geschichtsschreibung, der in Methode und Aspekt auch der Vater der wissenschaftlichen deutschen Geschichte zu nennen ist.«

Zum 450. Todestag Aventins 1984 erarbeitete der Heimatverein Abensberg mit dem Vorsitzenden Fritz Angrüner unter dem Titel »Johannes Aventinus und sein Werk« eine Festschrift und eine Sonderausstellung des Aventinusmuseums im ehemaligen Kapuzinerkloster. Im selben Jahr erfolgte die Umbenennung des Paradeplatzes vor dem ehemaligen Schloss in Aventinusplatz.

Die Gesellschaft für Altbayerische Geschichte und Kultur der Weltenburger Akademie (begründet durch Prof. Dr. Karl Bosl) würdigte – unter Vorsitz von Ministerpräsident a. D. Dr. h. c. Alfons Goppel – den »Begründer der neuzeitlichen Geschichtsschreibung Altbayerns« mit zwei Gedenkveranstaltungen. An seinem Geburtsort referierte Prof. Dr. Erich Stahleder »Über das Fortleben des Johannes Aventinus«, und an seinem Sterbe- und Begräbnisort Regensburg hielt Prof. Dr. Eberhard Dünninger den Festvortrag »Johannes Aventinus – Leben und Werk in seiner Zeit«.

Seitdem ist das wissenschaftliche Interesse an dem Abensberger Gelehrten keineswegs erlahmt. Allein die Bayerische Bibliografie verzeichnet seit Anfang der 1980er-Jahre bis heute rund hundert Neuerscheinungen zum Stichwort »Aventin«. Auch die aktuelle nationale wie internationale Geschichtsschreibung hat die Schriften des einstigen bayerischen Hofhistoriografen weiterhin im Visier, da deren Gehalt noch lange nicht erschöpfend gedeutet ist. Aventin hinterließ außerdem einen umfangreichen schriftlichen Nachlass, der bislang nur teilweise ausgewertet wurde.

DER GELEHRTE ALS NAMENSGEBER

Die Erinnerung an Johannes Aventinus reicht bis in das öffentliche Leben der Gegenwart durch die Museen, Schulen, Institutionen, Apotheken, Straßen, Plätze und sogar Internet-Plattformen, die seinen Namen tragen.

Schon 1963 erhielt das heimatgeschichtliche Museum im Kreuzgang des ehemaligen Karmelitenklosters in Abensberg den Namen »Aventinusmuseum«. Es umfasste sieben Räume mit kunst- und kulturgeschichtlichen Zeugnissen aus der Stadt und dem Umland. Auf Kreisheimatpfleger Alfons Listl folgte Fritz Angrüner, der Rektor der Aventinus-Hauptschule, von 1975 bis 2003 als Leiter dieser Einrichtung. Die gesamte Sammlung wurde 2002 der Stadt Abensberg übereignet. Nach der Sanierung des Herzogskasten am Aventinusplatz hat das neue Stadtmuseum Abensberg seit Juli 2006 hier seinen Sitz.

Eine Reihe von Schulen ist nach dem Gelehrten benannt: bereits seit 1966 das humanistische Johannes-Turmair-Gymnasium in Straubing (laut Direktor Willibald Schmidt kann »der große Historiker ... durch seinen rastlosen Fleiß, durch seine Liebe zur Freiheit, zur Wahrheit und zur Heimat Vorbild für unsere Jugend sein«) und das Aventinus-Gymnasium in Burghausen, seit 1977 die Aventinus-Grundschule und -Hauptschule in Abensberg (seit 1990 Johann-Turmair-Realschule). Außerdem erinnern der Aventinus-Turm auf der Festung zu Burghausen sowie Straßen, Plätze und Wege in Abensberg, Altötting, Brunnthal, Hettenshausen, Lauterhofen, München, Neutraubling und Triftern an den bedeutenden Abensberger.

Die öffentliche Stiftung »Aventinum. Stiftung für Altbayern« mit Sitz in Abensberg wurde 1986 gegründet und fördert laut ihren Statuten die Kenntnis über die Entstehung und Entwicklung des bairischen Stammes, über Land und Volk, Geschichte und Kultur Altbayerns in einer Region, die alle Orte umfasst, die seit dem 6. Jahrhundert zum bayerischen Herzogtum gehörten. Im Geiste Aventins engagiert sie sich neben Vorträgen, »Aventinus-Tagungen«, Ausstellungen und Publikationen im Rahmen der »Weltenburger Akademie« auch in einer regen Sammeltätigkeit gedruckter und ungedruckte Quellen, von Zeugnissen, Dokumenten und Literatur aus ihrem geografischen Einzugsbereich. Zusätzlich unterhält die Stiftung auf dem Frauenberg oberhalb der Benediktinerabtei Weltenburg ein spätrömisches Kleinkastell, das für die Allgemeinheit zugänglich ist.

In München wird Aventin unter anderem durch den 2010 eröffneten Forschungslesesaal der Bayerischen Staatsbibliothek geehrt, der seinen Namen trägt. Die Fachschaft Geschichte der Ludwig-Maximilians-Universität rief zum Wintersemester 2005 »aventinus. Studentische Publikationsplattform Geschichte« ins Leben, deren Trägerschaft 2012 ein gleichnamiger Verein übernahm. Mit Hilfe dieser Plattform können Studierende ihre Forschungsergebnisse über das Internet unter das Volk bringen – eine Chance, von der Johannes Aventinus sicher selbst gern Gebrauch gemacht hätte.

Zeittafel

1477	4. Juli: Geburt in Abensberg
um 1484–um 1494	Schulunterricht
1495	21. Juli: Einschreibung an der Hochschule in Ingolstadt
1497–1500	Studium in Wien
1501–1502	Studium in Krakau
1502	Tod des Vaters Peter Turmair
1503–1504	Studium und Magisterabschluss an der Universität in Paris
1504–1508	Studienreisen; Aufenthalte in Wien, Privatdozent in Ingolstadt
1509–1517	Erzieher der Prinzen Ludwig und Ernst am Wittelsbacher Hof mit Aufenthalten in Burghausen, München und Landshut
1512	Erste Ausgabe des Latein-Lehrbuches
1515	Italienreise mit Prinz Ernst
1515–1517	Privatdozent und Studienbetreuer von Prinz Ernst an der Universität Ingolstadt
1517	Berufung zum Hofhistoriografen
1517–1519	Forschungsreisen in Bayern
1519–1521	Niederschrift der »Annales ducum Boiariae«
Ab 1522	Bearbeitung der »Baierischen Chronik«
1523	Erste Landkarte Altbayerns, die »Baierische mappa«
1526/1529	Schrift »Über die Ursachen des Türkenkrieges«
1527/28	längere Aufenthalte in Regensburg
1528	Verhaftung »ob evangelium«
1529	Übersiedlung nach Regensburg
seit 1529	Lebensgemeinschaft mit Barbara Fröschmann
1531	18. Juni: Geburt der Tochter Gisela
1533	Abschluss der »Baierischen Chronik«
1534	9. Januar: Tod in Regensburg

Werke (Auswahl)

Die Zitate aus der »Baierischen Chronik«, die Aventinus in seiner Muttersprache verfasste, wurden im Original übernommen, um ihre Ausdruckskraft zu vermitteln. Auch wenn die Lektüre dadurch nicht immer leicht fällt – sie ist die Mühe wert! Die in Latein verfassten Notizen aus dem »Hauskalender« und anderen Werksteilen werden in deutscher Übersetzung wiedergegeben.
Alle Zitate und Verweise beziehen sich auf die Ausgabe: Johannes Turmair's genannt Aventinus Sämmtliche Werke, hg. von der Königlichen Akademie der Wissenschaften auf Veranlassung Seiner Majestät des Königs von Bayern, 6 Bde., München 1881–1908. Die »Sämmtlichen Werke« (abgekürzt: SW) sind zusammen mit dem »Hauskalender« (Handschrift BSB 4 L.impr.c.n.mss. 56; eine kommentierte lateinische Übertragung findet sich unter SW 6, S. 1–51) und weiteren Handschriften Aventins aus dem Besitz der Bayerischen Staatsbibliothek in einer digitalen Volltextausgabe zugänglich unter: http://www.bayerische-landesbibliothek-online.de/aventin

LEHRBÜCHER

Grammatica nova fundamentalis …, Erstdruck Augsburg 1512
Rudimenta grammaticae … Encyclopedia orbisque doctrinarum in calce., Erstdruck Ingolstadt 1517 (SW 1, S. 373–580)
Musicae Rudimenta, Augsburg 1516 (SW 1, S. 581–602)

HISTORISCHE UND POLITISCHE SCHRIFTEN

Annales Schirenses (Chronik des Klosters Scheyern, 1517 verfasst), Zweibrücken 1600 (SW 1, S. 25–29)
Narratiuncula de Bathavina urbe (Passauer Stadtgeschichte; 1517 abgeschlossen; SW 1, S. 25–29)
Historia Otingae / Chronik von Alten Oting (Chronik von Altötting), lateinische Ausgabe Nürnberg 1518, SW 1, S. 30–45), deutsche Ausgabe Ingolstadt 1519 (SW 1, S. 46–59)
Chronicon Ranshofense (Geschichte des Augustiner-Chorherrenstifts Ranshofen bei Braunau; 1517 abgeschlossen, 1523 überarbeitet, SW 1, S. 60–101)
Annales ducum Boiariae (Die Jahrbücher der Herzöge von Bayern; 1519–1521 verfasst; SW 2 + 3), Erstdruck zensiert und herausgegeben durch Hieronymus Ziegler, Ingolstadt 1554
Baierische Chronik (1522–1533 verfasst; SW 4 + 5), Erstdruck herausgegeben von Nikolaus Cisner, Frankfurt a. M. 1566
Ursachen des Türkenkrieges (Erstfassung 1526, 1529 überarbeitet; SW 1, S. 171–242)
Römisches Kriegsregiment (SW 1, S. 243–254)
Von dem herkomen der statt Regenspurg (um 1528 verfasst; SW 1, S. 255–297)
Germania illustrata (1531 begonnen; SW 6, S. 72–164)

Literatur (Auswahl)

Angrüner, Fritz: Johannes Turmair, genannt Aventinus zu seinem 450. Todestag. Eine kurze Betrachtung seines Lebens und Wirkens und seiner Stadt Abensberg, Hg. Stadt Abensberg, Abensberg 1984.

Bosl, Karl: Johann Turmair, gen. Aventinus aus Abensberg in seiner Zeit, in: Zeitschrift für bayerische Landesgeschichte 40 (1977) S. 325–340.

Döllinger, Ignaz von: Aventin und seine Zeit, Akademie Rede, München 1877, in: MGG, Bd. 1, Sp. 1205/1206.

Dicker, Stefan: *Landesbewusstsein und Zeitgeschehen. Studien zur bayerischen Chronistik des 15. Jahrhunderts*. Böhlau, Köln 2009.

Doronin, Andrej V.: »baierisch nam, das römisch reich, die ganz christenhait«. Das Regionale, das Nationale und das Universale bei Aventin, in: Historiographie des Humanismus, Hg. Johannes Helmrath u. a., Berlin [u. a.], 2013, S. [123]–150.

Ders.: Aventinus und sein Mythos (1477–1534), Moskau 2007.

Dünninger, Eberhard: Johannes Aventinus. Leben und Werk des bayerischen Geschichtsschreibers, Rosenheim 1977.

Dünninger, Eberhard/Stahleder, Erich: Aventinus zum 450. Todesjahr 1984 (Schriften der Gesellschaft für Altbayerische Geschichte und Kultur der Weltenburger Akademie, Hf. 2), Abensberg 1986.

Fuchs, Franz: Das Kloster St. Emmeram im 15. Jahrhundert: in: P. Schmid, R. Scharf (Hg.): Gelehrtes Leben im Kloster. Sankt Emmeram als Bildungszentrum im Spätmittelalter, München 2012, S. 13–37.

Gumpeltzhaimer, Christian Gottlieb: Johann Aventins Hausbesitz, in: Verhandlungen des Historischen Vereins für den Regenkreis 1, Regensburg 1831, S. 53–55.

Ders.: Aventins Grabmal zu St. Emmeram in Regensburg, in: Verhandlungen des Historischen Vereins für den Regenkreis 3, Regensburg 1835, S. 94–98.

Hammerl, Tobias (Hg.): Johannes Turmair, gen. Aventinus. Das Leben Aventins. Eine Moritat in 13 Holzschnitten von Ferdinand Kieslinger (1976), Abensberg 2010.

Lamatsch, Bruno: Johannes Turmair, genannt Aventinus. Sein Leben und Wirken. Burghausen 1976.

Lanzinner, Maximilian: Leonhard von Eck (1480–1550), in: Große Gestalten der bayerischen Geschichte, hrsg. von Katharina Weigand, München, 2012, S. 183–204.

März, Christoph: Aventinus, Johannes, in: F. J. Worstbrock (Hg.), Deutscher Humanismus 1480–1520, Verfasserlexikon 1, Berlin 2008, S. 72–108.

Mages, Emma: Abensberg. Historischer Atlas von Bayern, Altbayern (im Druck; erscheint 2015).

Dies: Kelheim. Pfleggericht und Kastenvogtgericht (Historischer Atlas von Bayern, Altbayern, Hf. 64, Hg.: Kommission für Bayerische Landesgeschichte), München 2010.

Moeglin, Jean-Marie: Von Hermann von Niederaltaich zu Aventin: die Entwicklung der bayerischen Landesgeschichtsschreibung im gesamtdeutschen und europäischen Kontext und Vergleich, in: Studien zur bayerischen Landesgeschichtsschreibung in Mittelalter und Neuzeit, hrsg. von Alois Schmid und Ludwig Holzfurtner (Zeitschrift für bayerische Landesgeschichte, Beiheft 41), München 2012, S. [117]– 149.

Paulus, Christof: Die Landshuter Hochzeit von 1475 in den Berichten Aventins, in: Zeitschrift für bayerische Landesgeschichte, Hg. Kommission für Bayerische Landesgeschichte bei der Bayerischen Akademie der Wissenschaften in Verb. mit der Gesellschaft für Fränkische Geschichte, Bd. 75, München 2012, 3, S. 761–824.

Robert, Jörg: Celtis, Konrad, in: Franz Josef Worstbrock (Hg.), Deutscher Humanismus 1480–1520, Verfasserlexikon 1, Berlin 2008, S. 377–427.

Rottler, Adam: Abensberg im Wandel der Zeiten, 2 Bde., Abensberg 1972/1977.

Rudder, Bernhard De: Über die »Abkunterfeiung« Baierns von 1531 und ihren Kartographen Aventinus (Akademie der Wissenschaften und der Literatur in Mainz, Abh. der mathemath.-naturwiss. Klasse, Jg. 1960, Bd. 1), Wiesbaden 1960.

Schlagintweit: Johann Aventin´s Gartenhaus in Abensberg und die Annales Bojorum. Einleitungsschrift zu der von dem historischen Vereine von Niederbayern beabsichtigten Errichtung eines Aventin-Denkmales in Abensberg, in: Verhandlungen des historischen Vereins für Niederbayern III, Landshut 1852, 2, S. 137–146.

Schmid, Alois: Die historische Methode des Johannes Aventinus, in: Blätter für deutsche Landesgeschichte 113 (1977), 338–393.

Ders.: Johannes Aventinus und die Realienkunde, in: Frank-Lothar Kroll (Hg.): Neue Wege der Ideengeschichte, Festschrift für Kurt Kluxen zum 85. Geburtstag, Paderborn 1996, 81–101.

Ders.: Die Kleinen Annalen des Johannes Aventinus aus dem Jahre 1511, in: Deutsche Landesgeschichtsschreibung im Zeichen des Humanismus, Hg. Franz Brendle u. a., Stuttgart 2001(Contubernium 56), S. [69]–95.

Ders.: Johannes Aventinus (1477–1534) In: Große Gestalten der bayerischen Geschichte, Hg. K. Weigand, München 2012, S. 165–181.

Ders.: Iter Bavaricum. Die Forschungsreise des Johannes Aventinus 1517/18, in: Franz Fuchs, Stefan Petersen, Ulrich Wagner, Walter Ziegler (hrsg.): Lorenz Fries und sein Werk. Bilanz und Einordnung, Würzburg 2014, S. 379–403.

Schmidt, Willibald: Johannes Turmair. Genannt Aventinus (Straubinger Hefte Nr. 16), Straubing 1966.

Sitzmann, Gerhard-Helmut (Hg.): Aventinus und seine Zeit, Abensberg 1977.

Stelzer, Winfried: Cuspinianus, Johannes, in: Franz Josef Worstbrock (Hg.), Deutscher Humanismus 1480–1520, Verfasserlexikon 1, Berlin 2008, S. 519–537.

Wanderwitz, Heinrich: Johannes Turmair »Aventin« und Sandharlanden, in: 520 Jahre Benefizium Sandharlanden. Ein Dorf im Strom der Geschichte und im Leben der Gegenwart, Hg. Katholisches Pfarramt Abensberg/Hans-Josef Bösl, Abensberg 2007, S. 319–324.

Ders.: Johann Turmair, genannt Aventinus, und Regensburg, in: Regensburg, Bayern und das Reich. Festschrift für Peter Schmid zum 65. Geburtstag, hrsg. von Tobias Appl und Georg Köglmeier, Regensburg 2010, S. 217–247.

Ders.: Beobachtungen zu Aventins »Hauskalender« in: Studien zur bayerischen Landesgeschichtsschreibung in Mittelalter und Neuzeit, hrsg. von Alois Schmid und Ludwig Holzfurtner (Zeitschrift für bayerische Landesgeschichte, Beiheft 41), München 2012, S. [245]–281.

Ders.: Der Historienzyklus Herzog Wilhelms IV.. Albrecht Altdorfer und Johannes Aventinus, in: Wagner, Christoph / Jehle, Oliver (Hg.): Albrecht Altdorfer. Kunst als zweite Natur, Regensburg 2012 (Regensburger Studien zur Kunstgeschichte 17), S. 253–267.

Wiedemann, Theodor: Johann Turmair, genannt Aventinus, Geschichtsschreiber des bayerischen Volkes. Nach seinem Leben und seinen Schriften dargestellt, Freising 1858.

Wolf, Peter: Freigeist am Fürstenhof – Heroische Melancholie. Johannes Turmair, genannt Aventin (1477–1534). Humanist und Historiker, in: Rebellen, Visionäre, Demokraten (Hg.: Haus der Bayerischen Geschichte; Edition Bayern, Sonderheft 6, Redaktion Evamaria Brockhoff u. a.), Regensburg 2013, S. 14–18.

Wurm, Johann Peter: Eck, Johannes, in: Franz Josef Worstbrock (Hg.), Deutscher Humanismus 1480–1520, Verfasserlexikon 1, Berlin 2008, S. 576–589.

Zaisberger, Friederike: Aventin und Salzburg – ein Werkstattbericht, in: Sitzmann, Gerhard H. (Hg.) : Jahresberichte der Stiftung Aventinum, Hf. 22/26, Abensberg 2011, S. 1–28.

Bildnachweis

Bayerische Staatsbibliothek, München: 44 (4 L. impr. c. n. mss. 56, fol. 401r)
Haus der Fotografie – Dr. Robert-Gerlich-Museum, Burghausen: 43
Christine Riedl-Valder, Beratzhausen: 16, 19, 82, 112, 119, 121, 125
Hermine Speder, Abensberg: 9, 11, 15, 21, 29, 39, 59, 81, 95, 99, 109, 111, 117
Stadtarchiv Burghausen: 47, 84
Stadtmuseum Abensberg: 13, 40, 71, 122

Umschlagmotive:
Vorne: Portrait von Johannes Aventinus – Holzschnitt von Sebald Lautensack (ullstein bild – imageBROKER / H.-D. Falkenstein); *hinten:* Festkarte der Aventinfeier in Abensberg 1927 (Abensberg. Stadtmuseum)

Ein herzlicher Dank

an die Historikerin Dr. Emma Mages für ihre Anregungen und die Einsicht in ihr Manuskript »Historischer Atlas Abensberg«,

an Eva Gilch M. A., die Leiterin des Stadtarchivs und Stadtmuseums Burghausen, für die freundliche Beratung und Bildbeschaffung,

an Tobias Hammerl M. A., den Leiter des Abensberger Stadtmuseums im Herzogskasten, für Informationen und Materialien über die Geschichte der Stadt Abensberg,

an Studiendirektor Erich Englberger vom Johannes-Turmair-Gymnasium Straubing für Materialien,

an Hermine Speder für die freundliche Genehmigung zum Abdruck der Holzschnittfolge »Das Leben Aventins« von Ferdinand Kieslinger.

Herausgeber Dr. Thomas Götz und Verleger Friedrich Pustet ließen sich davon überzeugen, diese Biografie in die Reihe *kleine bayerische biografien* aufzunehmen. Ihnen und der Lektorin Christiane Abspacher M. A. vom Verlag Pustet danke ich für die gute Zusammenarbeit.

Ein besonderer Dank des Verlags und der Autorin gilt der Ernst-Pietsch-Stiftung, Deggendorf, der Stadt Abensberg, der Stadt Burghausen sowie dem Johannes-Turmair-Gymnasium Straubing für die freundliche finanzielle Unterstützung bei der Drucklegung dieses Werks.

kleine bayerische biografien ≥

... machen Vergangenheit lebendig – kompakt und unterhaltsam. Die Reihe beleuchtet bekannte bayerische Persönlichkeiten neu und entdeckt unbekannte (wieder). Erfahren Sie mehr über Bayerns einzigartige Vielfalt und die Menschen, die es prägte und von denen es geprägt wurde.

"Die kleine Biografienreihe hat das Zeug dazu, für jeden Bayern – und die, die es gerne sein möchten – ein fast un verzichtbarer Lesestoff zu werden." MITTELBAYERISCHE ZEITUNG

Stefan Fröhling / Markus Huck
TILMAN RIEMENSCHNEIDER
Meister, Ratsherr, Revolutionär

„Meister aller Meister" – die Biografie schildert das spannende Leben des bedeutendsten Bildhauers und -schnitzers der Spätgotik.

"Großartige Darstellung." DIE TAGESPOST

120 S., 29 Abb., kart., ISBN 978-3-7917-2559-8
auch als eBook

Anna Schiener
ALBRECHT DÜRER
Genie zwischen Mittelalter und Neuzeit

Das Buch folgt den neuesten Erkenntnissen und ermöglicht manch überraschenden Blick auf den „Apelles Germaniae".

"(...) ein gut lesbarer, dicht geraffter Text."
SÜDDEUTSCHE ZEITUNG

144 S., 27 z. T. farb. Abb., kart.
ISBN 978-3-7917-2357-0

VERLAG FRIEDRICH PUSTET

Verlag Friedrich Pustet
Unser komplettes Programm unter:
www.verlag-pustet.de

Tel. 0941 / 92022-0
Fax 0941 / 92022-330
bestellung@pustet.de

Gerald Huber

DIE REICHEN HERZÖGE VON BAYERN-LANDSHUT

Bayerns goldenes Jahrhundert

Gerald Huber lässt die glanzvolle Zeit des niederbayerischen 15. Jahrhunderts auferstehen.

„(...) Lesevergnügen und Fundgrube zugleich." DONAUKURIER

160 S., 24 Abb., kart., ISBN 978-3-7917-2483-6

Martin Clauss

LUDWIG IV. – DER BAYER

Herzog, König, Kaiser

Der einzige Wittelsbacher, der es im Mittelalter auf den Kaiserthron schaffte, hat maßgeblich zur Entstehung einer bayerisch-nationalen Identität beigetragen.

„Von erfreulicher Handlichkeit (...) bei aller inhaltlichen Dichte." SÜDDEUTSCHE ZEITUNG

144 S., 20 Abb., 5 Stammtafeln, kart.
ISBN 978-3-7917-2560-4 / auch als eBook

Alfred Wolfsteiner

GEORG HEIM

‚Bauerngeneral' und Genossenschaftler

Dr. Georg Heim war einer der populärsten Politiker der Prinzregentenzeit und der Weimarer Republik. Er war ebenso streitbar wie umstritten, geliebt wie gehasst.

„Ein Stück bayerische Geschichte." MITTELBAYERISCHE ZEITUNG

144 S., 31 Abb., kart., ISBN 978-3-7917-2604-5
auch als eBook

VERLAG FRIEDRICH PUSTET

Verlag Friedrich Pustet
Unser komplettes Programm unter:
www.verlag-pustet.de

Tel. 0941 / 92022-0
Fax 0941 / 92022-330
bestellung@pustet.de

Bibliografische Information der Deutschen Nationalbibliothek
Die Deutsche Nationalbibliothek verzeichnet diese Publikation
in der Deutschen Nationalbibliografie; detaillierte bibliografische
Angaben sind im Internet über http://dnb.d-nb.de abrufbar.

ISBN 978-3-7917-2654-0
© 2015 by Verlag Friedrich Pustet, Regensburg
Umschlaggestaltung: Martin Veicht, Regensburg
Satz: Vollnhals Fotosatz, Neustadt a. d. Donau
Druck und Bindung: Friedrich Pustet, Regensburg
Printed in Germany 2015

Diese Publikation ist auch als eBook erhältlich:
eISBN 978-3-7917-6053-7 (epub)

Weitere Publikationen aus unserem Programm
finden Sie auf www.verlag-pustet.de
Kontakt und Bestellungen unter verlag@pustet.de